Guttentag'sche Sammlung
Nr. 61. Deutscher Reichsgesetze. Nr. 61.
Text-Ausgaben mit Anmerkungen.

Das Reichsgesetz über das Verlagsrecht.

Vom 19. Juni 1901.

Textausgabe
mit Einleitung, Anmerkungen und Sachregister

von
Justizrath Ernst Heinitz,
Rechtsanwalt und Notar in Berlin.

Berlin 1901.
J. Guttentag, Verlagsbuchhandlung,
G. m. b. H.

Abkürzungen.

ALR. = Allgemeines Landrecht für die Preußischen Staaten.
Begr. = Begründung des Entwurfes eines Gesetzes über das Verlagsrecht (Drucksachen des Reichstags, 10. Legislatur-Periode, II. Session 1900/1901, Nr. 97).
Begr. UG. = Begründung des Entwurfes eines Gesetzes, betreffend das Urheberrecht an Werken der Literatur und der Tonkunst (Drucksachen des Reichstags, 10. Legislatur-Periode, II. Session 1900/1901, Nr. 97).
BGB. = Bürgerliches Gesetzbuch für das Deutsche Reich.
CPO. = Civilprozeßordnung.
EG. = Einführungsgesetz.
GVG. = Gerichtsverfassungsgesetz.
HGB. = Handelsgesetzbuch.
KO. = Konkursordnung.
Kom.-Ber. = Bericht der XI. Kommission des Reichstags, den Entwurf eines Gesetzes über das Verlagsrecht betreffend (Drucksachen Nr. 215).
Kom.-Ber. UG. = Bericht der XI. Kommission des Reichstags über den Entwurf eines Gesetzes, betreffend das Urheberrecht an Werken der Literatur und der Tonkunst (Drucksachen Nr. 214).
OVG. = Entscheidungen des Oberverwaltungsgerichts.
RG. = Reichsgericht.
RG. i. Civils. = Entscheidungen des Reichsgerichts in Civilsachen.
RG. i. Strafs. = Entscheidungen des Reichsgerichts in Strafsachen.
ROHG. = Entscheidungen des Reichsoberhandelsgerichts.
RT.-Kom. = Reichstagskommission.
UG. = Gesetz, betreffend das Urheberrecht an Werken der Literatur und der Tonkunst.

§§ ohne nähere Bezeichnung bedeuten die Paragraphen des Gesetzes über das Verlagsrecht.

Inhalt.

	Seite		Seite
Einleitung	VII—XVI	§. 25	56
Gesetz über das Verlagsrecht	1—113	§. 26	58
§. 1	1	§. 27	59
§. 2	7	§. 28	60
§. 3	12	§. 29	68
§. 4	14	§. 30	70
§. 5	15	§. 31	75
§. 6	19	§. 32	77
§. 7	21	§. 33	79
§. 8	23	§. 34	82
§. 9	27	§. 35	85
§. 10	30	§. 36	87
§. 11	31	§. 37	93
§. 12	33	§. 38	95
§. 13	36	§. 39	97
§. 14	39	§. 40	100
§. 15	40	§. 41	101
§. 16	41	§. 42	102
§. 17	42	§. 43	105
§. 18	45	§. 44	106
§. 19	47	§. 45	106
§. 20	48	§. 46	108
§. 21	49	§. 47	109
§. 22	51	§. 48	111
§. 23	53	§. 49	111
§. 24	55	§. 50	112
		Sachregister .	115—123

Einleitung.

1.

Zwischen der Erfindung der Buchdruckerkunst und den Anfängen eines gesetzlichen Rechtsschutzes gegen Nachdruck liegt ein Zeitraum von mehreren Jahrhunderten. Im 16. und 17. Jahrhundert wurden zwar vom Kaiser, von Landesherren und von Städten zahlreiche Privilegien gegen Nachdruck ertheilt; die Gesetzgebung aber begann erst im 18. Jahrhundert den Nachdruck auch der nicht privilegirten inländischen Werke zu untersagen. Diesen Gesetzgebungen schloß sich das Preußische Landrecht an, wenngleich hinsichtlich der Bestrafung des Nachdrucks in den §§ 1294 ff. II, 20 unterschieden wurde, ob der rechtmäßige Verleger ein ausdrückliches Privilegium erhalten hatte oder ob die Strafe aus einem besonderen Privilegio nicht stattfand.

Das besondere Verdienst aber, welches die landrechtliche Gesetzgebung für sich in Anspruch nehmen darf, besteht darin, daß sie den ersten Versuch gemacht hat, das auf dem Verlagsvertrage beruhende Rechtsverhältniß des Verfassers zum Verleger zu regeln. Trotz vielfacher Lücken gegenüber den jetzigen Verkehrsbedürfnissen und der Entwicklung des Verlagsbuchhandels bildeten die §§ 996–1023 ALR. I, 11 bisher die alleinige gesetzliche Grundlage des in Preußen geltenden Verlagsrechts. In der überwiegenden Mehrzahl der anderen deutschen Bundesstaaten entbehrten die Beziehungen zwischen Urheber und Verleger jeder besonderen gesetzlichen Regelung. Das Gesetz vom 11. Juni 1870, durch welches das Urheberrecht an Schriftwerken, Abbildungen, musikalischen Kompositionen und dramatischen Werken für das Gebiet des Deutschen Reiches geregelt wurde, begnügte sich mit der Vorschrift (§ 3), daß das Recht des Urhebers beschränkt oder unbeschränkt durch Vertrag auf Andere übertragen werden könne. Die Regelung des durch diesen Vertrag entstehenden Rechtsverhältnisses ward nach wie vor der Landesgesetzgebung überlassen.

Die Aufgabe, welche hiernach der Reichsgesetzgebung vorbehalten blieb, ist weder durch das Bürgerliche Gesetzbuch, noch durch das Handelsgesetzbuch gelöst worden; nach der ausdrücklichen Vorschrift des Art. 76 EG. zum BGB. sind die dem Verlagsrecht angehörenden landesgesetzlichen Vorschriften in Kraft geblieben. Diese Zurückhaltung der Reichsgesetzgebung beruhte indes lediglich darauf, daß bereits seit längerer Zeit das Bedürfniß einer Fortbildung des Gesetzes vom 11. Juni 1870 hervorgetreten war und daß es bei dem engen Zusammenhange zwischen Urheberrecht und Verlagsrecht geboten erschien, die reichsgesetzliche Ordnung des Verlagsrechts gleichzeitig mit der Neugestaltung des Urheberrechts zu bewirken.

Nachdem im Reichsjustizamt eingehende Berathungen mit Sachverständigen gepflogen waren, wurde im Jahre 1899 der innerhalb der Reichsverwaltung ausgearbeitete Entwurf eines Gesetzes, betreffend das Urheberrecht an Werken der Literatur und der Tonkunst, veröffentlicht. Im Jahre 1900 folgte auf Grund von Vorberathungen, in welchen die wissenschaftliche, die technische und die Unterhaltungsliteratur, der Buch- und Musikalienverlag sowie das Zeitungswesen ihre Vertretung gefunden hatten, die Veröffentlichung des Entwurfes eines Gesetzes über das Verlagsrecht. Unter dem 8. Dezember 1900 wurden beide Gesetzentwürfe in der vom Bundesrathe beschlossenen Fassung dem Reichstage vorgelegt (Drucksachen des Reichstags Nr. 97, 10. Legislaturperiode II. Session 1900/1901). Nachdem am 8. und 9. Januar 1901 die erste Lesung stattgefunden hatte, wurden die Entwürfe einer Kommission von 21 Mitgliedern zur Vorberathung überwiesen. Die Kommission, welche den Abgeordneten Dr. Spahn zu ihrem Vorsitzenden wählte, unterzog die Entwürfe zwei Lesungen und erstattete über ihre Berathungen eingehende Berichte (Nr. 214 und 215 der Drucksachen des Reichstags). Die zweite Berathung des Entwurfes eines Gesetzes über das Verlagsrecht, deren Ergebniß die unveränderte Annahme des Entwurfes in der von der Kommission vorgeschlagenen Fassung war, fand am 20. April 1901 statt. Bei der dritten Berathung am 1. Mai

1901 wurde der Entwurf nach den Beschlüssen der zweiten Lesung en bloc angenommen.

Nachdem der Bundesrath den Beschlüssen des Reichstags zugestimmt hatte, wurde das am 19. Juni 1901 vom Kaiser vollzogene „Gesetz über das Verlagsrecht" — gleichzeitig mit dem Gesetze, betreffend das Urheberrecht an Werken der Literatur und der Tonkunst — am 28. Juni 1901 im Reichsgesetzblatte (Nr. 27 S. 217 ff.) verkündet.

Die Gesetzgebung über das Urheberrecht und das Verlagsrecht ist mit diesen beiden Gesetzen, welche sich auf Werke der Literatur und der Tonkunst beschränken, nicht abgeschlossen. Noch harren das Gesetz, betreffend das Urheberrecht an Werken der bildenden Künste, vom 9. Januar 1876, das Gesetz, betreffend den Schutz der Photographien gegen unbefugte Nachbildung, vom 10. Januar 1876 und das Gesetz, betreffend das Urheberrecht an Mustern und Modellen, vom 11. Januar 1876 der Revision, und daß im Anschluß an die Umgestaltung dieser Gesetze auch das Verlagsrecht an Werken der bildenden Künste, an Photographien sowie an Mustern und Modellen einer gesetzlichen Regelung bedarf, hat der Reichstag in einer dem Kommissionsvorschlage gemäß angenommenen Resolution am 20. April 1901 (Kom.-Ber. S. 62; stenographische Berichte über die Verhandlungen des Reichstags S. 2268) zum Ausdrucke gebracht.

II.

In der Begründung des Entwurfes (S. 56) wird dieser dahin charakterisirt, daß er sachlich kein wesentlich neues Recht schaffen, sondern nur das in Uebung befindliche Recht, wie es durch die Wissenschaft und die Rechtsprechung auf Grund der Gepflogenheiten des hoch angesehenen deutschen Verlagsgewerbes sich ausgebildet habe, feststellen, bestimmte Streitfragen entscheiden und die einzelnen Vorschriften mit den Grundsätzen des Bürgerlichen Gesetzbuchs in Einklang bringen wolle; als werthvolle Hülfsmittel, welche hierbei benutzt worden sind, bezeichnet die Begr. den auf Veranlassung des deutschen Schriftstellerverbandes ausgearbeiteten, in der Generalversammlung vom 13. September 1891 beschlossenen Entwurf einer deutschen Verlagsordnung und die in der Hauptversammlung des Börsenvereins der deutschen Buchhändler vom 30. April 1893 angenommene Verlagsordnung für den deutschen Buchhandel. Dagegen ist in den Berathungen der Reichstagskommission wiederholt der Gedanke hervorgetreten, daß das Verlagsrecht unabhängig von den bisher geläufigen Auffassungen zu gestalten, also nicht das bestehende Recht zu kodifiziren, sondern ein neues Recht zu schaffen sei, das den jetzigen entwickelteren Begriffen des Verlagsrechts entspreche (Kom.-Ber. S. 7, 37). Auf dieser letzteren Anschauung über die Ziele des Gesetzes beruht namentlich die Regelung, welche die Frage der Uebertragbarkeit des Verlagsrechts erhalten hat.

Zum Bürgerlichen Gesetzbuche steht das Gesetz über das Verlagsrecht in dem gleichen Verhältnisse, wie alle sonstigen Reichsgesetze privatrechtlichen Inhalts, gleichviel ob sie durch die besondere Vorschrift des Art. 32 Satz 1 EG. zum BGB. in Kraft erhalten sind oder ob sie zu denjenigen Materien gehören, welche nach Art. 55—152 EG. zum BGB. dem Landesrechte zugewiesen waren. Die allgemeinen Rechtsnormen des BGB. erstrecken ihre Geltung somit auch auf das Gebiet des Verlagsrechts, soweit nicht das vorliegende Gesetz selbst Sondervorschriften enthält. Dagegen kommen neben oder vor dem BGB. die allgemeinen Vorschriften des HGB. nur insoweit zur Anwendung, als das durch den Verlagsvertrag begründete Rechtsverhältniß eine Handelssache im Sinne des Art. 2 E.G. zum HGB. ist.

Hätte die Aufgabe der Kodifikation des Verlagsrechts ihre Lösung im BGB. gefunden, so würde der Verlagsvertrag die ihm gebührende Stelle unter den im siebenten Abschnitte des zweiten Buches geregelten einzelnen Schuldverhältnissen erhalten haben. Das vorliegende Gesetz ist somit als ein Theil des Rechtes der Schuldverhältnisse anzusehen, und daher ist der gesammte Inhalt des

Gesetzes im Wesentlichen dispositiver Natur. Wollen Verleger und Verfasser ihre Rechte und Pflichten anders begrenzen, als das Gesetz für angemessen erachtet hat, so steht ihnen dies im weitesten Umfange frei. Zwingende Rechtsnormen enthält das Gesetz nur an wenigen Stellen: aus § 1 ergeben sich die begrifflichen Erfordernisse des Verlagsvertrags, in dem Sinne, daß ein Vertrag, welcher den Verpflichtungen des Verfassers und des Verlegers einen diesen Erfordernissen widerspechenden Inhalt giebt, als Verlagsvertrag nicht zu erachten ist; die gemäß § 39 Abs. 2 dem Verfasser obliegende Haftung kann nach § 276 Abs. 2 BGB. im Verlagsvertrage nicht erlassen werden, und § 49 enthält eine öffentlich-rechtliche Vorschrift, welche der Abänderung durch Parteiwillen entzogen ist.

III.

Die Aufgabe des Gesetzes über das Verlagsrecht war die Regelung des rechtlichen Verhältnisses der Urheber von Werken der Literatur und der Tonkunst zu den Verlegern dieser Werke. Die ältere Theorie und Praxis erblickte im Verlagsrechte den hauptsächlichsten Inhalt des Autorrechts und zog hieraus die Schlußfolgerung, daß das Verlagsrecht nur durch Autorschaft entstehen könne. Der auf Veräußerung des Verlagsrechts gerichtete Vertrag wurde als Verlagsvertrag bezeichnet, gleichviel ob der Rechtsnachfolger des Autors die Verbindlichkeit der Vervielfältigung, Veröffentlichung und gewerblichen Verbreitung des Werkes übernahm oder nicht. Anders hat die neuere Gesetzgebung das Verhältniß zwischen Urheberrecht und Verlagsrecht aufgefaßt. Das gleichzeitig mit dem Gesetz über das Verlagsrecht in Kraft tretende Gesetz, betreffend das Urheberrecht an Werken der Literatur und der Tonkunst, nennt unter den Befugnissen des Urhebers an erster Stelle die ausschließliche Befugniß, das Werk zu vervielfältigen und zu verbreiten. Diese Befugniß ist aber lediglich ein Bestandtheil des Urheberrechts, während die Möglichkeit einer Entstehung des Verlagsrechts dadurch gegeben ist, daß das Recht des Urhebers beschränkt oder unbeschränkt auf Andere übertragen werden kann (§ 8 Abs. 3 UG.). Ist der Vertrag, mittelst dessen diese Uebertragung sich vollzieht, nicht auf die unbeschränkte Uebertragung des Urheberrechts, sondern nur auf die ausschließliche Befugniß zur Vervielfältigung und Verbreitung in dem durch den Vertrag bezeichneten Umfange gerichtet, und zwar dergestalt, daß mit dieser Befugniß auch die Verpflichtung zur Vervielfältigung und Verbreitung des Werkes verbunden ist, so liegt ein Verlagsvertrag vor (§ 1), der neben seinem obligatorischen Inhalte die Grundlage für die Entstehung eines ausschließlichen, gegen

Dritte wirksamen Rechtes, des Verlagsrechts (§ 8), bildet.

Dieses Verlagsrecht, neben welchem das Recht des Urhebers, wenn auch mit den aus dem Verlagsvertrage sich ergebenden Beschränkungen, bestehen bleibt, ist, wie es in der Begr. (S. 57) heißt, *ein aus dem Urheberrecht abgeleitetes und ihm demgemäß im Wesen gleichartiges, wenn auch inhaltlich nicht so weittragendes Recht, dessen Grenzen jeweils durch den Verlagsvertrag bestimmt werden.*

Bei dem engen Zusammenhange, welcher hiernach zwischen dem Verlagsrecht und dem Urheberrechte besteht, erschließt sich das Verständniß des Gesetzes über das Verlagsrecht vielfach nur aus dem gleichzeitig verabschiedeten Gesetz über das Urheberrecht an Werken der Literatur und der Tonkunst; dies gilt namentlich von den Vorschriften, welche die durch Abschluß des Verlagsvertrags den Befugnissen des Verfassers erwachsenden Beschränkungen und den Inhalt des dem Verleger zu verschaffenden ausschließlichen Rechtes betreffen.

Der Gedankengang des Gesetzes über das Verlagsrecht ist nach der Begr. (S. 58) folgender:

Nach einer Bestimmung, welche den wesentlichen Inhalt des Verlagsvertrags angiebt (§ 1), folgen zunächst Bestimmungen über diejenigen Beschränkungen in der Verwerthung des Werkes, welche der Verlagsvertrag für den Verfasser nach sich zieht, und über das auf diesen Beschränkungen beruhende, auch gegen dritte Personen wirkende Verlagsrecht des Verlegers (§§ 2—9); ihnen schließen sich die Bestimmungen an über die aus dem Verlagsvertrage für Verfasser und Verleger sich ergebenden einzelnen Verpflichtungen (§§ 10—27). Es folgen Bestimmungen über die Uebertragbarkeit der Verlegerrechte (§ 28), über die Beendigung des Vertragsverhältnisses und über die Folgen, welche eine vertragswidrige Leistung, der Untergang des Verlagsgegenstandes, der Tod des Verfassers, sowie der Konkurs des Verlegers nach sich ziehen (§§ 29—38). Endlich werden die besonderen Verhältnisse geregelt, welche sich bei Vereinbarungen über ein nicht mehr dem Urheberrecht unterliegendes Werk, über Beiträge zu periodischen Sammelwerken und über solche Werke, die der Verfasser nach näherer Anweisung des Bestellers ausarbeitet, gemäß der Natur der Dinge ergeben (§§ 39—47). Eine allgemeine Vorschrift über das Anwendungsgebiet des Gesetzes, eine Vorschrift über die Zuständigkeit des Reichsgerichts bei Streitigkeiten über Ansprüche aus dem Verlagsvertrage und die Bestimmung des Zeitpunkts, mit welchem das Gesetz in Kraft treten soll, bilden den Schluß (§§ 48—50).

Gesetz über das Verlagsrecht.

Vom 19. Juni 1901 (RGBl. S. 217).

Wir **Wilhelm**, von Gottes Gnaden deutscher Kaiser, König von Preußen ꝛc.

verordnen im Namen des Reichs, nach erfolgter Zustimmung des Bundesraths und des Reichstags, was folgt:

§. 1.

Durch den Verlagsvertrag[1]) über ein Werk der Literatur oder der Tonkunst[2]) wird der Verfasser[3]) verpflichtet, dem Verleger[4]) das Werk[5]) zur Vervielfältigung und Verbreitung[6]) für eigene Rechnung[7]) zu überlassen. Der Verleger ist verpflichtet,[8])[9]) das Werk zu vervielfältigen und zu verbreiten.

1. Statt einer Begriffsbestimmung beschränkt sich das Gesetz darauf, den wesentlichen Inhalt des Verlagsvertrags anzugeben. Da eine besondere Form nicht vorgeschrieben ist, so gilt für den Verlagsvertrag — abweichend von §§ 998, 999 ALR. I, 11 — der das bürgerliche Recht beherrschende Grundsatz der Formfreiheit, nicht nur, wenn der Verleger den Vertrag im Betrieb eines Handelsgewerbes, welches Verlagsgeschäfte zum Gegenstande hat (§ 1 Abs. 2 Ziff. 8 und § 343 Abs. 1 HGB.) oder im Betrieb eines sonstigen Handelsgewerbes (§ 343

Abs. 2 HGB.) abschließt, sondern auch dann, wenn weder der Verfasser, noch der Verleger Kaufmann, der Verlagsvertrag also nicht Handelsgeschäft ist.

2. Wie das Gesetz über das Urheberrecht, so erstreckt sich auch das vorliegende Gesetz nur auf Werke der Literatur und der Tonkunst, dagegen nicht auf künstlerische oder photographische Erzeugnisse. Gegenstand des Verlagsvertrags können aber auch solche Werke sein, an denen ein Urheberrecht nicht besteht (§ 39 Abs. 1), und daher sind als literarische und musikalische Erzeugnisse im Sinne des Verlagsrechts nicht nur die nach § 1 UG. geschützten Werke, sondern namentlich auch die des Schutzes entbehrenden editiones principes, d. h. alte, bisher nicht gedruckte Schriften, deren Urheber gestorben sind, und solche Vorträge und Reden anzusehen, welche dem Zwecke der Erbauung, der Belehrung oder der Unterhaltung nicht dienen. Zu den literarischen Erzeugnissen, d. h. denjenigen Geisteswerken, welche an sich einen Bestandtheil der Literatur zu bilden geeignet sind, gehören außer Schriftwerken, Vorträgen und Reden auch Abbildungen und plastische Darstellungen wissenschaftlicher oder technischer Art, welche nicht ihrem Hauptzwecke nach als Kunstwerke zu betrachten sind (§ 1 Ziff. 3 UG.; Kom.-Ber. S. 2; vgl. auch § 997 ALR. I, 11: Landkarten, topographische Zeichnungen). Zu den dramatischen Werken, welche als literarische Erzeugnisse Gegenstand eines Verlagsvertrags sein können, zählen auch Pantomimen und choreographische Werke, welche eine dramatische Handlung zur Darstellung bringen, sofern nur die Entwickelung der Handlung, der Gedankengang u. s. w. schriftlich aufgezeichnet ist. Begr. UG. S. 14; Kom.-Ber. UG. S. 2. Dramatisch-musikalische Werke vereinigen in sich die Eigenschaften eines literarischen und einea musikalischen Erzeugnisses.

3. Verfasser ist derjenige, welcher das Werk durch seine geistige Thätigkeit hervorbringt; in diesem Sinne

ist bei einer Uebersetzung oder sonstigen Bearbeitung der Uebersetzer oder Bearbeiter nicht als Verfasser zu bezeichnen, wenngleich er nach § 2 Satz 2 UG. als Urheber gilt. Der im Jahre 1900 veröffentlichte Entwurf eines Gesetzes über das Verlagsrecht enthielt im § 1 Abs. 2 die Vorschrift, daß als Verfasser derjenige gelte, welcher mit dem Verleger den Vertrag geschlossen habe. An die Stelle dieser Bestimmung ist die zu dem gleichen Ergebnisse führende Vorschrift des § 48 getreten. Unter mehreren Verfassern als Urhebern entsteht im Falle des § 6 UG. eine Gemeinschaft nach Bruchtheilen im Sinne der §§ 741 ff. BGB.; wenn aber mehrere Verfasser sich durch Verlagsvertrag zur Ueberlassung eines Werkes verpflichten, so ist die von ihnen geschuldete Leistung in der Regel eine untheilbare, und daher haften sie dem Verleger nach § 431 BGB. als Gesammtschuldner.

4. Verleger ist derjenige, welcher den Verlag des Werkes übernimmt, gleichviel ob er Verlagsgeschäfte gewerbsmäßig betreibt oder nicht. Der Verlagsvertrag kann für den Verfasser ein Handelsgeschäft sein und ist für den Verleger nicht nothwendig ein Handelsgeschäft. Die dem § 998 ALR. I, 11 zu Grunde liegende Auffassung, daß nur Buchhändler Verlagsrechte erwerben können, ist durch die Gewerbefreiheit überwunden, wenngleich die dem Verleger obliegende Verbreitung im Wege des Buchhandels erfolgt. Darüber, daß auch juristische Personen des öffentlichen Rechtes, z. B. Akademien und Universitäten, den Verlag eines Werkes übernehmen können, vgl. § 3 UG. Verleger ist auch derjenige, welcher ein von ihm selbst verfaßtes Werk verlegt (RG. i. Civils. 5 S. 67); für das vorliegende Gesetz aber kommt als Verleger nur in Betracht, wer Verlagsverträge im Sinne des § 1 mit anderen Personen schließt.

5. Das Werk ist die geistige Schöpfung des Verfassers. An anderen Stellen (vgl. §§ 9, 10, 27, 33)

bedeutet Werk die Handschrift, in welcher sich die literarische oder musikalische Schöpfung verkörpert.

6. Nur zur Vervielfältigung, d. i. zu der in der Regel auf mechanischem Wege (vgl. RG. i. Civils. 22 S. 178; 27 S. 60) erfolgenden Herstellung einer Vielheit von Exemplaren des Werkes, und zur Verbreitung, d. i. zur Verabfolgung der hergestellten Exemplare an dritte Personen, wird das Werk dem Verleger überlassen. Auf die sonstige wirthschaftliche Ausnutzung des Urheberrechts, z. B. auf die öffentliche Mittheilung und auf den öffentlichen Vortrag (vgl. § 11 Abs. 1 Satz 2 und Abs. 3 UG.), erstreckt sich der Verlagsvertrag nicht; insbesondere aber sind Verträge, durch welche der Urheber eines Bühnenwerkes oder eines Werkes der Tonkunst die ihm nach § 11 Abs. 2 UG. zustehende ausschließliche Befugniß zur öffentlichen Aufführung des Werkes einem Bühnenleiter, einem Konzertunternehmer oder einem Verleger überträgt, nicht als Verlagsverträge zu erachten, wenngleich sie, wie diese, eine beschränkte Uebertragung des Urheberrechts zum Inhalte haben, und daher unterstehen sie nicht den Vorschriften des vorliegenden Gesetzes, sondern den allgemeinen Normen des bürgerlichen Rechtes.

7. Besteht die dem Verfasser zu gewährende Vergütung in einer Gewinnbetheiligung, so sind dem Verlagsvertrage zwar gesellschaftliche Elemente beigemischt; der Begriff des Verlagsvertrags wird indes hierdurch nicht beseitigt. ROHG. 16 S. 251; JW. 1900 S. 59 Nr. 32. Der Kommissionsverlag aber, bei welchem das Geschäft auf den Namen, nicht auf Rechnung des Verlegers geht, der Letztere vielmehr eine bestimmte Vergütung erhält, während Gewinn und Verlust dem Verfasser verbleiben, gehört ebensowenig wie der Selbstverlag dem Verlagsrecht an. Auf den Kommissionsverlag finden die Vorschriften des BGB. über den Dienstvertrag (§§ 611—630, 675) Anwendung;

die Vorschriften des HGB. über das Kommissionsgeschäft sind nur anwendbar, wenn der Kommissionsverleger Kaufmann ist und das Geschäft im Betriebe seines Handelsgewerbes schließt. §§ 383, 406 Abs. 1 HGB. Die Begr. (S. 60) enthält nachstehende Zusammenstellung der für den Kommissionsverlag geltenden Besonderheiten:

a) Wer den kommissionsweisen Verlag eines Werkes übernimmt, hat, wenn er, wie dies in der Regel zutrifft, Kaufmann ist, bei der Vervielfältigung und Verbreitung des Werkes mit der Sorgfalt eines ordentlichen Kaufmanns das Interesse des Verfassers wahrzunehmen und dessen Weisungen zu befolgen.

b) Im Falle des Kommissionsverlags werden die Höhe der Auflage, die Form und Ausstattung des Werkes sowie die Höhe des Preises allein von dem Verfasser bestimmt; der Verleger hat dabei die Weisungen des Verfassers zu befolgen.

c) Macht der Kommissionsverleger zum Zwecke der Vervielfältigung und Verbreitung Aufwendungen, die er den Umständen nach für erforderlich erachten darf, so ist der Verfasser zum Ersatze verpflichtet.

d) Der Kommissionsverleger erlangt kein ausschließliches Recht zur Vervielverfältigung und Verbreitung. Giebt der Verfasser dem Vertrage zuwider das Werk noch anderweit in Verlag, so haftet er allerdings dem Kommissionsverleger für Schadensersatz, kann aber wegen Nachdrucks nicht verfolgt werden. Ebensowenig ist der Kommissionsverleger in der Lage, gegen Dritte, welche das Werk nachdrucken, die Rechte des Urhebers geltend zu machen.

e) Für den Verlust und die Beschädigung der in seiner Verwahrung befindlichen Abzüge ist der

Kommissionsverleger verantwortlich, außer wenn ihn kein Verschulden trifft.

f) Der Kommissionsverleger ist verpflichtet, dem Verfasser über das Geschäft Rechenschaft abzulegen. Wann und wie oft dies zu geschehen hat, bestimmt sich nach der Verkehrssitte.

g) Inwieweit bei der Kündigung des Vertragsverhältnisses eine Frist eingehalten werden muß, ist entsprechend der Lage des Einzelfalls und mit Rücksicht auf die Verkehrssitte zu beurtheilen.

8. Die Verpflichtung des Verlegers zur Vervielfältigung und Verbreitung, welche in den §§ 998 ff. ALR. I, 11 nicht betont ist, gehört zu den wesentlichen Bestandtheilen des Verlagsvertrags. Wird nur das Recht der Vervielfältigung und Verbreitung vom Verfasser auf einen Anderen übertragen, so liegt ein Verlagsvertrag nicht vor, und daher ist in solchem Falle das Vertragsverhältniß nach den allgemeinen Normen des bürgerlichen Rechtes zu beurtheilen. Das Gleiche gilt, wenn das Urheberrecht selbst Gegenstand der Uebertragung ist. Alsdann liegt die Uebertragung eines Rechtes (Abtretung) im Sinne der §§. 413, 398 ff. BGB. vor, deren Kausalgeschäft, wenn für das Urheberrecht ein vereinbarter Preis gezahlt wird, ein Kauf im Sinne des § 433 BGB. ist. Einer Zeitung, einer Zeitschrift oder einem sonstigen periodischen Sammelwerke werden häufig Beiträge zur Veröffentlichung überlassen, ohne daß seitens des Verlegers eine Verbindlichkeit zur Vervielfältigung und Verbreitung übernommen wird. Wenngleich hier von einem Verlagsvertrage nicht die Rede ist, so sind doch in den §§ 41—46 auch für derartige Fälle Bestimmungen getroffen.

9. Im Einzelnen sind die dem Verfasser auf Grund des Verlagsvertrags obliegenden Verpflichtungen in den §§ 2, 3, 8, 10—12 geregelt, während §§ 4—7 und 13 — 20 die näheren Bestimmungen darüber enthalten, in

welchem Umfang und in welcher Weise der Verleger zur Vervielfältigung und Verbreitung verpflichtet ist. Ergänzend greift aber sowohl für den Verfasser, als auch für den Verleger § 242 BGB. ein, inhalts dessen die jedem Theile obliegende Leistung so zu bewirken ist, wie Treu und Glauben mit Rücksicht auf die Verkehrssitte es erfordern.

§. 2.[1])

Der Verfasser hat sich während der Dauer des Vertragsverhältnisses[2]) jeder Vervielfältigung und Verbreitung[3]) des Werkes zu enthalten, die einem Dritten[4])[5]) während der Dauer des Urheberrechts[6]) untersagt ist.

Dem Verfasser verbleibt jedoch die Befugniß zur Vervielfältigung und Verbreitung[7]):

1. für die Uebersetzung in eine andere Sprache oder in eine andere Mundart;[8])
2. für die Wiedergabe einer Erzählung in dramatischer Form oder eines Bühnenwerkes in der Form einer Erzählung;[9])
3. für die Bearbeitung eines Werkes der Tonkunst, soweit sie nicht blos ein Auszug oder eine Uebertragung in eine andere Tonart oder Stimmlage ist.[10])

Auch ist der Verfasser zur Vervielfältigung und Verbreitung in einer Gesammtausgabe[11]) befugt, wenn seit dem Ablaufe des Kalenderjahrs, in welchem das Werk erschienen[12]) ist, zwanzig Jahre verstrichen sind.[13])[14])

1. § 2 stellt den Umfang fest, in welchem der Verlagsvertrag die Befugniß des Verfassers zur Vervielfältigung und Verbreitung des Werkes beseitigt. Hierbei kommt grundsätzlich nicht in Betracht, ob die Befugniß des Verfassers nach § 11 UG. eine ausschließliche ist oder ob ein Urheberrecht an dem Werke überhaupt nicht besteht. Während aber die Vorschrift des § 1 eine zwingende ist, in dem Sinne, daß ein Vertrag, welcher nicht den im § 1 angegebenen Inhalt hat, als Verlagsvertrag nicht gilt, ist die im § 2 getroffene Vorschrift dispositiver Natur; ein Verlagsvertrag liegt also auch dann vor, wenn dem Verfasser die anderweite Herausgabe des Werkes während der Dauer des Vertragsverhältnisses gestattet ist. Kom.-Ber. S. 5.

2. Durch welche Ereignisse, mit welchem Zeitpunkt und in welcher Weise das Rechtsverhältniß aus dem Verlagsvertrage beendigt wird, ergeben § 18 und §§ 29--38.

3. Die sonstigen Befugnisse des Urhebers verbleiben dem Verfasser. Vgl. Anm. 6 zu §. 1.

4. Die Vervielfältigung eines Werkes ohne Einwilligung des Berechtigten ist nach § 15 UG. unzulässig, und somit hat sich der Verfasser dem Verleger gegenüber nicht nur innerhalb des Geltungsgebiets des Gesetzes, sondern auch im Auslande jeder Handlung zu enthalten, die unter den Begriff des Nachdrucks im Sinne der §§ 15 ff. UG. fällt. Grundsätzlich ist hiernach dem Verfasser nicht nur die Befugniß zur Vervielfältigung des Werkes in unveränderter Gestalt, sondern auch zu dessen Wiedergabe in anderer Form, mit unwesentlichen Aenderungen, Zusätzen oder Abkürzungen, mit Illustrationen oder in Gestalt einer Prachtausgabe, entzogen, wogegen ihm, wie § 13 Abs. 1 UG. ergiebt, die freie Benutzung des dem Verleger überlassenen Werkes zur Hervorbringung einer anderen eigenthümlichen Schöpfung — ebenso wie die Aufnahme kleinerer Schriften in eine selbständige

wissenschaftliche Arbeit (§ 19 Ziff. 2 UG.) oder in eine Sammlung der durch § 19 Ziff. 3 und 4 UG. bezeichneten Art — gestattet ist. In welchem Umfange beim Verlagsvertrag über ein Werk der Tonkunst der Verfasser berechtigt bleibt, Stellen aus diesem Werke anderweit anzuführen oder das Werk in selbständige wissenschaftliche Arbeiten sowie in Sammlungen aufzunehmen, ergiebt § 21 UG.

5. Die ohne Einwilligung des Urhebers erfolgende Verbreitung rechtmäßig hergestellter Exemplare des Werkes ist nur dann rechtswidrig, wenn sie gewerbsmäßig geschieht. § 11 Abs. 1 Satz 1 UG. Wer aber, sei es unmittelbar oder mittelbar, von dem Verleger Exemplare des Werkes erwirbt, erlangt damit auch die Befugniß, diese Exemplare gewerbsmäßig zu verbreiten. Die Rechtswidrigkeit der gewerbsmäßigen Verbreitung kann namentlich dann in Frage kommen, wenn der Verfasser, wie dies im Musikverlage vielfach geschieht, Verlagsverträge mit mehreren Verlegern in der Weise geschlossen hat, daß jedem Verleger ein bestimmtes Gebiet überwiesen wird, von welchem die anderen ausgeschlossen sind (vgl. § 8 Abs. 3 Satz 2 UG.). Ist das Verlagsrecht territorial begrenzt, so darf der Verfasser ebenso wenig wie ein Dritter Exemplare des Werkes, welche er im Auslande von dem dortigen Verleger erworben hat, im Inlande gewerbsmäßig verbreiten. Vgl. RG. i. Civils. 42 S. 301.

6. Die Verpflichtung des Verfassers, sich jeder Vervielfältigung und Verbreitung des Werkes zu enthalten, ist in der Regel auf die Dauer des Urheberrechts beschränkt; das durch den Verlagsvertrag begründete Rechtsverhältniß kann jedoch auch über die dem Schutze des Urheberrechts gezogene zeitliche Grenze (§§ 29 ff. UG.) fortdauern. Vgl. Anm. 2 zu § 29.

7. Die in Abs. 2 enthaltenen Bestimmungen, durch welche dem Verfasser die Herausgabe von Bearbeitungen des Werkes in gewissem Umfang ausdrücklich vorbe-

halten wird, lehnen sich an § 12 Abs. 2 Ziff. 1 und 8 sowie § 14 UG. an. Die zu Gunsten des Verfassers gemachten Vorbehalte erstrecken sich auf solche Bearbeitungen, welche eine selbständige Verwerthung des Werkes in sich schließen und dasselbe — ähnlich wie die öffentliche Aufführung eines Bühnenwerkes oder eines Werkes der Tonkunst — einem anderen Personenkreise zugänglich machen.

8. Die vorstehende Erwägung trifft namentlich für die Uebersetzung in eine andere Sprache zu, und daher wird dem Verfasser die ausschließliche Befugniß zur Veranstaltung von Uebersetzungen, welche als Bestandtheil des Urheberrechts von der ihr bisher in §§ 6, 15 des Ges. vom 11. Juni 1870 gezogenen Schranke befreit worden ist, gewahrt. Auch die Uebertragung des Werkes in eine andere Mundart derselben Sprache ist dem Verfasser gestattet: ein in schlesischer Mundart geschriebenes Bühnenwerk, das vom Verfasser in Verlag gegeben ist, darf somit während der Dauer des Vertragsverhältnisses vom Verfasser in hochdeutscher Mundart anderweit herausgegeben werden.

9. Die Dramatisirung einer Erzählung, wie die Umwandlung eines Bühnenwerkes in eine Erzählung ist dem Verfasser vorbehalten, gleichviel ob diese Bearbeitung auf einer selbständigen Neugestaltung beruht oder nicht.

10. Zu den künstlerischen Bearbeitungen eines Werkes der Tonkunst oder einzelner Motive desselben, welche dem Verfasser freigegeben worden sind, zählen nicht nur die in der Begr. (S. 61) hervorgehobenen Variationen, Phantasien, Potpourris, sondern auch Einrichtungen für andere Instrumente oder Stimmen, z. B. die Einrichtung eines Liedes, welches ursprünglich für eine Singstimme mit Klavierbegleitung herausgegeben ist, für Chor und Orchester. Kom.-Ber. S. 10, 11. Dagegen liegt eine Bearbeitung im Sinne der obigen Vorschrift überhaupt nicht

vor, wenn das Werk selbst unverändert, aber mit Zusätzen, beispielsweise unter Hinzufügung von Fingersatz, Stricharten, Athmungszeichen, Vortragsbezeichnungen, herausgegeben wird. Eine derartige Herausgabe des Werkes ist — ebenso wie die in der Herstellung eines Auszugs oder in der Uebertragung in eine andere Tonart oder Stimmlage bestehende Bearbeitung — während der Dauer des Vertragsverhältnisses weder dem Verfasser, noch dem Verleger gestattet, dem ersteren nicht, weil in dieser Beziehung ein Vorbehalt zu seinen Gunsten nicht gemacht ist, dem letzteren nicht, weil er an dem ihm überlassenen Werke Aenderungen nicht vornehmen darf (§ 13); zur Herausgabe einer solchen Bearbeitung bedarf es somit einer besonderen vertraglichen Einigung zwischen dem Verfasser und dem Verleger.

11. Die Unzulässigkeit der Vervielfältigung und Verbreitung des in Verlag gegebenen Einzelwerkes durch dessen Aufnahme in eine Gesammtausgabe ergiebt sich aus §§ 11 ff. UG. In der Begr. (S. 61) wird diese Beschränkung mit dem Hinweise gerechtfertigt, daß es sonst jedem Urheber möglich sein würde, durch Herstellung einer billigen Gesammtausgabe die Absatzfähigkeit der einzelnen Schriften erheblich zu beeinträchtigen, zumal da die Gesammtausgabe sehr häufig nur eine Auswahl der besten Erzeugnisse des Urhebers enthalte. Die Befugniß des Verfassers, einzelne Gedichte, einzelne Aufsätze von geringerem Umfang oder kleinere Theile eines Schriftwerkes in eine Sammlung der im § 19 Ziff. 3 oder 4 UG. bezeichneten Art aufzunehmen, wird hierdurch nicht berührt.

12. Vgl. Anm. 3 zu § 3.

13. Die RT.-Kom. wollte verhindern, daß der Verfasser für immer der Möglichkeit verlustig gehe, ohne Genehmigung aller derjenigen, denen er einmal ein einzelnes Werk in Verlag gegeben habe, eine Gesammtausgabe seiner Werke zu veranstalten. Da aber der 20jährige Zeitraum vom Ablaufe desjenigen Kalenderjahrs zu berechnen ist, in

welchem das letzte in die Gesammtausgabe aufgenommene Werk erschienen ist, so ist die Erweiterung der Rechte des Verfassers von ziemlich problematischem Werthe. Kom.-Ber. S. 8, 9. Endigt das Vertragsverhältniß vor Ablauf des in Abs. 3 bestimmten Zeitraums, so ist der Verfasser zu jeder anderweitigen Herausgabe des Werkes befugt.

14. In der Begr. (S. 61) wird die Frage erörtert, ob der Verfasser während der Dauer des Vertragsverhältnisses ein Werk herausgeben darf, dessen Veröffentlichung nach dem Gesetz über das Urheberrecht zwar einem Dritten gestattet, aber geeignet sein würde, dem Verleger die wirthschaftliche Ausnutzung des in Verlag gegebenen Werkes zu erschweren. Diese Frage ist im vorliegenden Gesetze nicht entschieden, und in der Begr. wird zutreffend auf § 157 BGB. verwiesen, kraft dessen dem Verleger die Herausgabe eines solchen Werkes nicht gestattet sei, wenn er dadurch nach den Umständen des Falles mit dem Verleger in einen gegen Treu und Glauben verstoßenden Wettbewerb treten würde. Die rechtliche Folge eines solchen Verstoßes gegen die dem Verfasser obliegenden Vertragspflichten würde ein Anspruch des Verlegers auf Schadensersatz sein.

§. 3.[1])

Beiträge zu einem Sammelwerke, für die dem Verfasser ein Anspruch auf Vergütung nicht zusteht,[2]) dürfen von ihm anderweit verwerthet werden, wenn seit dem Ablaufe des Kalenderjahrs, in welchem sie erschienen sind,[3]) ein Jahr verstrichen ist.[4])

1. § 3 behandelt einen besonderen Fall, in welchem dem Verfasser noch vor der Beendigung des Vertragsverhältnisses die anderweitige Vervielfältigung und Verbreitung des Werkes gestattet ist, also eine Aus-

nahme von der Vorschrift des § 2 Abs. 1. Gegenüber dem bisherigen Rechte (§ 10 d. Ges. v. 11. Juni 1870) enthält § 8 eine nicht unwesentliche Erweiterung der dem Verfasser eingeräumten Befugnisse.

2. Hierher gehören häufig wissenschaftliche Abhandlungen, welche zu einer akademischen Festgabe vereinigt werden. Da der Absatz derartiger Sammelwerke ein geringer zu sein pflegt, so werden die einzelnen Beiträge von den Verfassern in der Regel unentgeltlich geliefert, und nur unter dieser Voraussetzung findet die Vorschrift des § 3 Anwendung. Die Freiexemplare, welche der Verfasser des einzelnen Beitrags erhält, sind als Vergütung nicht anzusehen, gleichviel, ob sie in Exemplaren des ganzen Sammelwerkes oder in Sonderabzügen des Beitrags bestehen. Bei Aufsätzen, welche von den Mitarbeitern einer Encyklopädie, eines Konversationslexikons, eines Almanachs, einer Anthologie u. dergl. gegen Vergütung geliefert werden, haben sich die einzelnen Verfasser der anderweitigen Vervielfältigung und Verbreitung nach Maßgabe des § 2 zu enthalten; nur bei Beiträgen für eine Zeitung, eine Zeitschrift oder ein sonstiges periodisches Sammelwerk findet die besondere Vorschrift des § 42 Abs. 2, welche zwischen entgeltlichen und unentgeltlichen Beiträgen nicht unterscheidet, Anwendung.

3. Unter dem Erscheinen des Werkes ist dessen Herausgabe im Verlagshandel, also das öffentliche Angebot von Vervielfältigungen, zu verstehen. Begr. UG. S. 13.

4. Da durch § 3 die Rechte des Verfassers erweitert werden sollen, so bezieht sich die Fristbestimmung nur auf eine Verwerthung, welche dem § 2 zuwiderlaufen würde. Verwerthung des Beitrags durch dessen Herausgabe in einer anderen Sprache steht dem Verfasser sofort frei.

§. 4.

Der Verleger ist nicht berechtigt, ein Einzelwerk für eine Gesammtausgabe oder ein Sammelwerk[1]) sowie Theile einer Gesammtausgabe oder eines Sammelwerkes für eine Sonderausgabe[2]) zu verwerthen.[3])[4]) Soweit jedoch eine solche Verwerthung auch während der Dauer des Urheberrechts einem Jeden freisteht,[5]) bleibt sie dem Verleger gleichfalls gestattet.

1. Gesammtausgabe ist die Ausgabe der gesammelten Werke eines Verfassers, Sammelwerk ein durch getrennte Beiträge mehrerer Verfasser gebildetes Werk (§ 4 UG.). Die Herausgabe eines Einzelwerkes ist von dessen Verwerthung durch Aufnahme in eine Gesammtausgabe oder in ein Sammelwerk wesentlich verschieden. Das Verlagsrecht für ein Einzelwerk schließt daher die Befugniß zu dessen Verwerthung für eine Gesammtausgabe oder für ein Sammelwerk nicht in sich.

2. Wird dem Verleger ein Beitrag für eine Gesammtausgabe oder für ein Sammelwerk überlassen, so ist der Verleger ohne Zustimmung des Verfassers zur Veranstaltung einer Sonderausgabe nicht befugt. Daß der Verleger den ihm für ein bestimmtes Sammelwerk überlassenen Beitrag nicht für ein anderes Sammelwerk verwenden darf, ist als selbstverständlich nicht besonders hervorgehoben. Wann und unter welchen Voraussetzungen der Verfasser über den für ein Sammelwerk gelieferten Beitrag verfügen darf, ist in §§ 3, 42 Abs. 2 geregelt.

3. Nach dem Entwurfe sollte die Vorschrift des § 4 auf Werke der Literatur beschränkt werden, weil im Musikalienhandel kleinere Tonstücke häufig nur so zu verwerthen sind, daß sie mit anderen gleichartigen Arbeiten

zu einem Sammelwerke vereinigt werden. Die RT.-Kom. hat indes die den Befugnissen des Verlegers gezogene Schranke verallgemeinert, weil „die Komponisten mit den Schriftstellern die gleichen ideellen und wirthschaftlichen Interessen haben und nicht schlechter gestellt zu werden verdienen als diese". Kom.-Ber. S. 13.

4. Die Frage, ob der Verleger berechtigt ist, auch einzelne Bände einer Gesammtausgabe oder eines größeren ihm als ein Ganzes überlassenen Werkes zu vertreiben, wird durch § 4 nicht entschieden. Soweit nicht die Verkehrssitte einer solchen Befugniß des Verlegers entgegensteht oder die besonderen Umstände des Falles eine gegentheilige Absicht ergeben, wird die Frage zu bejahen sein.

5. Vgl. §§ 19—21 UG. Neben den aus dem Verlagsvertrage sich ergebenden Befugnissen sollen dem Verleger im Verhältnisse zum Verfasser die gleichen Rechte zustehen wie jedem Dritten. Kom.-Ber. S. 13. Der Verleger ist daher beispielsweise, ebenso wie jeder Dritte, befugt, einzelne Stellen oder kleinere Theile des von ihm verlegten Werkes in einer selbständigen literarischen Arbeit anzuführen (§ 19 Ziff. 1 UG.) oder kleinere Kompositionen, deren Verlag er übernommen hat, nach dem Erscheinen in eine selbständige wissenschaftliche Arbeit aufzunehmen (§ 21 Ziff. 2 UG.).

§. 5.[1])

Der Verleger ist nur zu einer Auflage berechtigt.[2]) Ist ihm das Recht zur Veranstaltung mehrerer Auflagen[3]) eingeräumt, so gelten im Zweifel für jede neue Auflage die gleichen Abreden wie für die vorhergehende.[4])

Ist die Zahl der Abzüge nicht bestimmt, so ist der Verleger berechtigt tausend Abzüge herzustellen.[5])

Hat der Verleger durch eine vor dem Beginne der Vervielfältigung dem Verfasser gegenüber abgegebene Erklärung[6]) die Zahl der Abzüge niedriger bestimmt,[7]) so ist er nur berechtigt die Auflage in der angegebenen Höhe herzustellen.[8])

1. Der Begriff der Auflage hat sich im Anschluß an den zur Zeit üblichen Druck mit beweglichen Lettern entwickelt. Da bei diesem Verfahren nach Herstellung einer gewissen Anzahl von Abzügen der Satz wieder auseinandergenommen wird, so bildete die Gesammtheit der durch einmaligen Druck hergestellten Exemplare des Werkes eine Auflage. Die Unterscheidung zwischen neuer Auflage und neuer Ausgabe (§§ 1011, 1012 ALR. I, 11; vgl. auch RG. i. Civils. 5 S. 263) hat erhebliche praktische Bedeutung nicht gewonnen; jeder neue Abdruck, auch wenn er Veränderungen im Format oder im Inhalt aufweist, gilt im Buchhandel als neue Auflage. Die Vorschrift des Entwurfes, daß der Verleger jede Auflage auf einmal herzustellen habe, ist von der RT.-Kom. beseitigt worden, weil schon gegenwärtig zum Drucke nicht selten Stereotypplatten verwendet werden, von denen jederzeit nach Bedürfniß Abdrücke hergestellt werden können, und weil vielleicht schon nach einem Jahrzehnte der Druck mit beweglichen Lettern als veraltet angesehen werde. Durch diese Aenderung ist der Begriff der Auflage ein anderer geworden; im Sinne des § 5 bildet die Gesammtzahl derjenigen Abzüge, welche der Verleger, sei es nach Inhalt des Verlagsvertrags oder nach gesetzlicher Vorschrift (§ 5 Abs 2), auf einmal herzustellen berechtigt ist, eine Auflage. Läßt der Verleger eine größere Anzahl von Exemplaren herstellen, als ihm der Vertrag oder das Gesetz gestattet, so liegt eine rechtswidrige Vervielfältigung vor, welche nach § 36 UG. zum Schadensersatze verpflichtet und der Strafandrohung des § 38 Ziff. 1 UG. unterliegt. Der

auf § 36 UG. gegründete Schadensersatzanspruch verjährt zwar ebenso wie die Strafverfolgung wegen Nachdrucks in drei Jahren (§§ 50, 51 UG.); der Verleger aber, welcher eine rechtswidrige Vervielfältigung vornimmt, handelt auch dem Verlagsvertrage zuwider, sodaß der Verfasser Ansprüche wegen Vertragsverletzung erheben kann, die der kurzen Verjährung nicht unterliegen. RG. i. Civils. 12 S. 108.

2. Die Anwendung des § 5 setzt voraus, daß das Werk in Auflagen erscheinen soll. Das Gegentheil bedarf indes besonderer Vereinbarung zwischen dem Verfasser und dem Verleger; ist eine solche Vereinbarung nicht getroffen, so umfaßt das Verlagsrecht nur eine Auflage. Dies gilt grundsätzlich auch für den Musikalienverlag, wenngleich diesem nach der bisherigen Uebung der Begriff der Auflage fremd (Begr. S. 65) oder doch nur insoweit bekannt ist, als er, wie bei Schulbüchern (Gesangschulen, Klavierschulen), die Formen des Buchverlags angenommen hat. Der Umstand, daß im Verlagsvertrage die Zahl der zulässigen Abzüge nicht bestimmt ist, reicht nicht aus, um — entsprechend dem § 1013 ALR. I, 11 — die Anwendung des § 5 Abs. 1 zu beseitigen; denn für diesen Fall ist über die Zahl der Abzüge, welche der Verleger herstellen darf, im § 5 Abs. 2 Bestimmung getroffen.

3. Die Fassung ergiebt, daß dieses Recht nur auf dem besonderen Inhalte des Verlagsvertrags beruhen kann; die Vorschrift gilt aber nicht nur dann, wenn das Verlagsrecht sämmtliche Auflagen umfaßt, sondern auch, wenn die Zahl der Auflagen, welche der Verleger veranstalten darf, eine beschränkte ist.

4. Die Vorschrift in Satz 2 trägt dem muthmaßlichen Willen der Parteien Rechnung. Die Abreden, welche für die erste Auflage gelten, sind hiernach auch für die zweite Auflage maßgebend, für jede weitere Auflage aber nur dann, wenn nicht für die vorhergehende Auflage ab-

weichende Vereinbarungen getroffen sind. Zu den Abreden, welche für die neue Auflage maßgebend bleiben, gehört namentlich auch die Vereinbarung über die dem Verfasser zu gewährende Vergütung (anders § 1015 ALR. I, 11). Ist die Höhe der Vergütung für die erste Auflage nicht bestimmt, sodaß § 22 Abs. 2 zur Anwendung gelangt, so hat der Verfasser für jede neue Auflage auf diejenige Vergütung Anspruch, welche zur Zeit der Veranstaltung der neuen Auflage als angemessen zu erachten ist.

5. In Abs. 2 wird die Höhe der Auflage für den Fall, daß sie im Vertrage nicht vereinbart ist, durch das Gesetz bestimmt. Der Entwurf beabsichtigte, in Ermangelung einer Vereinbarung die Festsetzung grundsätzlich dem Verleger zu überlassen, da dieser sich in seinem eigenen Interesse auf eine angemessene Zahl beschränken werde. Dem gegenüber hat die RT.-Kom. erwogen, daß der Verleger geneigt sein könne, die Auflage ungebührlich hoch zu bemessen, um die Vergütung, welche dem Verfasser für jede neue Auflage zustehe, zu schmälern. In Folge dessen ist in Abs. 2 Satz 1 die Zahl der Abzüge, zu deren Herstellung der Verleger berechtigt ist, auf 1000 bestimmt, und zwar in dem Sinne, daß ohne Zustimmung des Verfassers eine größere Zahl von Exemplaren nicht hergestellt werden darf; diese Vorschrift gilt jedoch nur für die erste und für diejenigen späteren Auflagen, bei welchen die Stärke der vorangegangenen Auflage im Vertrage nicht bestimmt war. Sind von der ersten Auflage auf Grund des § 5 Abs. 2: 1000 Exemplare hergestellt und ist demnächst von dem Verleger mit dem Verfasser vereinbart worden, daß die zweite Auflage in einer Stärke von 1500 Abzügen erscheinen solle, so gilt diese Abrede nach § 5 Abs. 1 Satz 2 im Zweifel auch für die dritte Auflage.

6. Vgl. §§ 130—132 BGB. (einseitige empfangsbedürftige Willenserklärung).

7. Da nach § 16 der Verleger verpflichtet ist, die zulässige Anzahl von Abzügen herzustellen, so soll ihm das Recht gewahrt werden, die Zahl der Abzüge, welche er herstellen lassen will, niedriger als 1000 zu bestimmen; diese Bestimmung muß jedoch, wenn sie die rechtliche Wirkung haben soll, daß die vorgeschriebenen 1000 Abzüge nicht hergestellt zu werden brauchen, vor dem Beginne der Vervielfältigung dem Verfasser gegenüber abgegeben werden, d. h. ihm zugehen (§ 130 BGB.). Hat die Vervielfältigung bereits begonnen, ohne daß die erforderliche Erklärung dem Verfasser zugegangen ist, so kann der Verfasser die Herstellung von 1000 Abzügen verlangen.

8. Hat der Verleger die Zahl der Abzüge niedriger bestimmt, so ist er an die einmal getroffene Bestimmung gebunden; wie der Verleger die Auflage nur in der angegebenen Höhe herstellen darf, so kann der Verfasser nach § 16 beanspruchen, daß die Abzüge in der zulässigen Anzahl hergestellt werden.

§. 6.

Die üblichen Zuschußexemplare[1]) werden in die Zahl der zulässigen Abzüge nicht eingerechnet. Das Gleiche gilt von Freiexemplaren,[2]) soweit ihre Zahl den zwanzigsten Theil der zulässigen Abzüge nicht übersteigt.[3])

Zuschußexemplare, die nicht zum Ersatz oder zur Ergänzung beschädigter Abzüge verwendet worden sind, dürfen von dem Verleger nicht verbreitet werden.[4])

1. Zuschußexemplare sind die über die Zahl der zulässigen Abzüge hinaus hergestellten Exemplare, mittels deren die beim Drucke, beim Heften oder Einbinden be-

schädigten Exemplare ersetzt oder ergänzt werden sollen. Die Zahl der erforderlichen Zuschußexemplare läßt sich nicht allgemein festsetzen; sie hängt von der Art des Druckes und des Papiers sowie von sonstigen Umständen technischer Art ab.

2. Freiexemplare sind solche Exemplare, welche der Verleger unentgeltlich entweder dem Verfasser überläßt (§ 25) oder sonst im Interesse der Einführung des Werkes (Besprechungsexemplare) vertheilt. Von den Freiexemplaren im engeren Sinne sind die sogenannten Pflichtexemplare zu unterscheiden, welche in Preußen und in einigen anderen deutschen Bundesstaaten der Verleger von jedem in seinem Verlag erscheinenden Werke unentgeltlich an staatliche Bibliotheken abzugeben hat (OVG. 36 S. 434); auch diese Pflichtexemplare pflegen in die Zahl der zulässigen Abzüge eingerechnet zu werden.

3. Während dem Verleger hinsichtlich der Zuschußexemplare, welche er herstellen lassen darf, eine Grenze nicht gesetzt ist, darf die Zahl der Freiexemplare 5 vom Hundert der zulässigen Abzüge nicht übersteigen. Wird diese Grenze überschritten, so kann der Verfasser nicht nur Schadensersatz, sondern auch Bestrafung wegen Nachdrucks fordern. §§ 36, 38 Ziff. 1 UG. Wenn dagegen der Verleger Freiexemplare, die innerhalb der gesetzlichen Grenze hergestellt sind, nicht als solche verbreitet, sondern gegen Entgelt veräußert, so liegt, da auch die dem Verleger gestattete unentgeltliche Vertheilung der Freiexemplare eine gewerbsmäßige Verbreitung des Werkes ist, eine Rechtsverletzung im Sinne der §§ 36, 38 Ziffer 1 UG. nicht vor; der Verleger macht sich nur einer ihn nach allgemeinen Rechtsgrundsätzen zum Schadensersatze verpflichtenden Zuwiderhandlung gegen seine vertraglichen Pflichten schuldig.

4. Die Vorschrift, daß Zuschußexemplare nur insoweit verbreitet werden dürfen, als sie bestimmungsgemäß ver-

wendet worden sind, ist zum Schutze des Verfassers erforderlich, weil im Gesetze die Zahl der herzustellenden Zuschußexemplare nicht begrenzt ist. Die Zuwiderhandlung des Verlegers gegen das in Abs. 2 ausgesprochene Verbot ist eine Rechtsverletzung im Sinne der §§ 36, 38 Ziff. 1 UG.

§. 7.

Gehen Abzüge unter,[1]) die der Verleger auf Lager hat,[2]) so darf[3])[4]) er sie durch andere ersetzen;[5]) er hat vorher dem Verfasser Anzeige zu machen.[6])

1. Hat der Verfasser die ihm nach § 10 obliegende Verpflichtung erfüllt, so trifft die Gefahr des Unterganges der hergestellten Abzüge den Verleger. Ein Recht des Rücktritts vom Verlagsvertrage wird auch durch den Untergang sämmtlicher Abzüge nicht begründet. Soweit aber die hergestellten Abzüge durch einen vom Verleger nicht zu vertretenden Umstand (vgl. §§ 276 ff. BGB.) untergehen, wird der Verleger nach § 275 BGB. von der Verpflichtung zur Verbreitung des Werkes frei.

2. In Abweichung von den allgemeinen Normen des bürgerlichen Rechtes gewährt § 7 dem Verleger die Befugniß, die untergegangenen Abzüge durch andere zu ersetzen, ohne daß er hierfür eine besondere Vergütung an den Verfasser zu entrichten hat. Diese Befugniß, welche sich auch auf die in Verlust gerathenen Abzüge erstreckt, steht dem Verleger selbst dann zu, wenn der Untergang durch einen Umstand herbeigeführt wird, den er nach §§ 276, 278 BGB. oder nach § 347 Abs. 1 HGB. zu vertreten haben würde; sie beschränkt sich aber auf diejenigen Abzüge, welche bei dem Verleger vorräthig, d. h. auf seinem

Lager sind. Wenn also Abzüge, welche der Verleger behufs Verbreitung des Werkes versandt hatte, sei es während des Transports, sei es bei dritten Personen, insbesondere bei Sortimentern, untergehen, so dürfen diese Abzüge nicht ersetzt werden. Dagegen steht dem Verleger die Ersatzbefugniß nicht nur zu, wenn die untergegangenen Abzüge sich auf seinem eigenen Lager befanden, sondern auch dann, wenn sie bei einem Dritten — sei dieser ein Lagerhalter im Sinne des § 416 HGB. oder nicht — für ihn lagerten. Die Befugniß des Verlegers wird nicht einmal dadurch beseitigt, daß der ihm erwachsende Schaden durch Versicherung gegen Feuersgefahr gedeckt ist. Beschädigungen aber und sonstige Verschlechterungen der Abzüge dürfen dem Untergange nur dann gleichgestellt werden, wenn sie von solchem Umfange sind, daß der Absatz der beschädigten Exemplare unmöglich ist. Kom.-Ber. S. 44. Sind die Abzüge durch Verschulden des Verlegers untergegangen, so ist, falls die Herstellung der neuen Abzüge die Verbreitung verzögert und der Verfasser hierdurch Schaden erleidet, der Verleger zum Ersatze des verursachten Schadens verpflichtet. Kom.-Ber. S. 17, 18.

3. Die durch Herstellung der Ersatzexemplare erwachsenden Kosten fallen dem Verleger zur Last, und daher hängt es von seinem Ermessen ab, ob er von der Ersatzbefugniß Gebrauch machen will oder nicht. Es liegt aber in der Natur der Sache, daß der Verleger alsbald nach Vernichtung der Abzüge sich darüber schlüssig zu machen hat, ob er neue Abzüge herstellen lassen will, und daß er die Herstellung in angemessener Frist zu bewirken hat. Ist der Verlagsvertrag für eine bestimmte Zeit geschlossen (§ 29 Abs. 3), so erlischt die Befugniß zur Herstellung der neuen Abzüge mit Ablauf der festgesetzten Zeit, und gehen die sämmtlichen Abzüge unter, auf welche der Verlagsvertrag beschränkt war, so endigt das Vertragsverhältniß, wenn der Verleger nicht

alsbald von der ihm durch § 7 eingeräumten Befugniß Gebrauch macht. Das Gleiche gilt, wenn der Verleger nur zu der Auflage berechtigt war, welcher die untergegangenen Abzüge angehörten, und diese Auflage mit den untergegangenen Abzügen erschöpft ist. § 29 Abs. 1.

4. Besteht die Vergütung, auf welche der Verfasser Anspruch hat, in einer Gewinnbetheiligung, so nimmt er, vorbehaltlich seines etwaigen Anspruchs auf Schadensersatz, an den vermögensrechtlichen Folgen des Unterganges theil. Auch in diesem Falle hat über die Ausübung der durch § 7 gewährten Befugniß ausschließlich der Verleger zu befinden, wenngleich die für Herstellung der Ersatzexemplare aufzuwendenden Kosten den Gewinn, an welchem der Verfasser betheiligt ist, vermindern oder gänzlich in Frage stellen.

5. Die Ersatzbefugniß ist auf fertige Abzüge, welche vor dem Verkauf untergehen, beschränkt. So lange die Vervielfältigung des Werkes noch nicht beendigt ist, trifft die Gefahr des Unterganges der noch unvollständigen Abzüge den Verleger, in dem Sinne, daß seine Verpflichtung, das Werk zu vervielfältigen und zu diesem Behufe die untergegangenen Theile von Neuem herstellen zu lassen, nicht beseitigt wird.

6. Die vorherige Anzeige an den Verfasser ist zwar vom Gesetze vorgeschrieben, aber nicht als Bedingung für Ausübung des dem Verleger eingeräumten Rechtes anzusehen. Eine rechtswidrige Vervielfältigung und Verbreitung im Sinne des § 36 UG. liegt somit nicht vor, wenn der Verleger die zum Ersatze bestimmten Abzüge ohne vorherige Anzeige an den Verfasser herstellen läßt und verbreitet.

§. 8.

In dem Umfang[1]), in welchem der Verfasser nach den §§. 2 bis 7 verpflichtet ist, sich der Vervielfältigung und Verbreitung zu enthalten und sie dem Verleger zu gestatten, hat er, soweit nicht aus dem Vertrage sich ein Anderes ergiebt,[2]) dem Verleger das ausschließliche[3]) Recht zur Vervielfältigung und Verbreitung (Verlagsrecht)[4]) zu verschaffen.[5])[6])

1. In der Fassung des § 8 kommt nicht zum Ausdrucke, daß die Verpflichtung des Verfassers, sich der Vervielfältigung und Verbreitung zu enthalten, einen anderen Umfang hat als die entsprechende Befugniß des Verlegers. Der Verfasser hat sich bis zum Ablaufe von 20 Jahren seit dem Erscheinen des Werkes der Vervielfältigung und Verbreitung desselben in einer Gesammtausgabe zu enthalten (§ 2 Abs. 3); dessen ungeachtet darf auch der Verleger das ihm überlassene Einzelwerk für eine Gesammtausgabe nicht verwerthen (§ 4). Der Verleger darf an dem ihm überlassenen Werke Aenderungen nicht vornehmen (§ 13 Abs. 1); der Verfasser hat sich der anderweitigen Herausgabe des in Verlag gegebenen Werkes zu enthalten, selbst wenn er hierbei Aenderungen vornimmt; nur in dem durch § 2 Abs. 2 bestimmten Umfange verbleibt ihm die Befugniß zur Herausgabe von Bearbeitungen. Das ausschließliche Recht des Verlegers bleibt sonach, was seinen Umfang betrifft, hinter der entsprechenden Verpflichtung des Verfassers, sich jeder Vervielfältigung und Verbreitung zu enthalten, zurück. Die Bezeichnung des dem Verleger zu verschaffenden ausschließlichen Rechtes zur Vervielfältigung und Verbreitung als Verlagsrecht erscheint hiernach nicht ganz zutreffend. Die Befugniß des Verlegers, das Werk zu vervielfältigen und zu verbreiten, reicht nur soweit, wie ihm nach Inhalt des Verlagsvertrags das Werk überlassen ist; der Schutz aber, welchen das Verlagsrecht gewährt, erstreckt sich soweit, wie sich der Verfasser nach § 2 der Vervielfältigung und Verbreitung des Werkes zu enthalten hat.

2. Die nach § 8 dem Verfasser obliegende Verpflichtung kommt nur dann in Wegfall, wenn der Vertrag ergiebt, daß mit der Ueberlassung des Werkes die Verschaffung des Verlagsrechts nicht verbunden sein soll, insbesondere also, wenn nach der Absicht der Parteien Gegenstand des Vertrags ein Werk sein soll, an dem ein Urheberrecht überhaupt nicht besteht (§ 39). Im Uebrigen wird durch den Umstand, daß an dem in Verlag gegebenen Werke ein Urheberrecht nicht besteht oder daß das Urheberrecht einem Anderen als dem Verfasser zusteht, die Verpflichtung des Letzteren zur Verschaffung des Verlagsrechts nicht beseitigt; erfüllt der Verfasser diese Verpflichtung nicht, so bestimmen sich die Rechte des Verlegers — vorausgesetzt, daß eine Vergütung für den Verfasser ausdrücklich oder stillschweigend vereinbart ist (§§ 440, 445 BGB.) — nach §§ 320—327 BGB. Der Verleger kann demzufolge die ihm obliegende Leistung bis zur Verschaffung des Verlagsrechts verweigern (§ 320 BGB.); er kann, wenn die Verschaffung des Verlagsrechts in Folge eines vom Verfasser zu vertretenden Umstandes unmöglich wird, Schadensersatz wegen Nichterfüllung verlangen oder vom Vertrage zurücktreten und er kann, wenn der Verfasser mit der Verschaffung des Verlagsrechts im Verzug ist, für diese Leistung eine angemessene Frist mit der Erklärung bestimmen, daß er nach dem Ablaufe der Frist die Annahme der Leistung ablehne.

3. Die Verschaffung eines ausschließlichen Rechtes stellt die dingliche Seite des Verlagsvertrags dar. So lange das Verlagsrecht nicht entstanden ist, steht dem Verleger nur der aus § 1 sich ergebende persönliche Anspruch gegen den Verfasser auf Ueberlassung des Werkes, und zwar in dem aus §§ 2—7 ersichtlichen Umfange, zu. Gelangt das dem Verfasser zustehende Urheberrecht durch Sondernachfolge (§ 8 Abs. 3 UG.) oder durch Zwangsvollstreckung (§ 10 UG.) an einen Dritten, so ist diesem gegenüber der Verleger zur Ver-

vielfältigung und Verbreitung des Werkes **nicht** berechtigt; einen dinglichen Rechtsschutz erlangt der Verleger erst dadurch, daß in seiner Person **das als Verlagsrecht bezeichnete ausschließliche Recht** entsteht.

4. Seinem Wesen nach ist das Verlagsrecht „**ein aus dem Urheberrecht abgeleitetes und ihm demgemäß gleichartiges, wenn auch inhaltlich nicht so weittragendes Recht, dessen Grenzen jeweils durch den Verlagsvertrag bestimmt werden.**" Begr. S. 57. Mit der Verschaffung des Verlagsrechts vollzieht sich daher eine **beschränkte Uebertragung des Urheberrechts** (§ 8 Abs. 3 UG.), jedoch nur in dem Sinne, daß der Verleger die ausschließliche Nutzung gewisser Befugnisse des Urhebers und den mit diesen Befugnissen verbundenen Schutz gegen Dritte, wie auch gegen den Verfasser selbst (§ 9 Abs. 2), erlangt. Wie aber das Eigenthum an der Sache bestehen bleibt, auch wenn die Verfügungsgewalt des Eigenthümers durch dingliche Rechte dritter Personen mehr oder weniger zurückgedrängt wird, so dauert neben dem Verlagsrechte das Recht des Urhebers fort, um mit der Beendigung des durch den Verlagsvertrag begründeten Rechtsverhältnisses wiederum zu unbeschränkter Geltung zu kommen.

5. Der Verlagsvertrag, bei welchem die gegenseitigen Verbindlichkeiten des Verfassers und des Verlegers nicht durch § 1 erschöpft werden, sondern mit der Ueberlassung des Werkes die Verschaffung des Verlagsrechts verbunden sein soll, deckt sich nach Wesen und Inhalt mit keinem der in §§ 433—853 BGB. dargestellten Schuldverhältnisse. Das ALR. zählte den Verlagsvertrag zu den **Verträgen über Handlungen** im Sinne des § 869 I, 11; von dem das Recht der Schuldverhältnisse behandelnden zweiten Buche des BGB. finden auf den Verlagsvertrag —mit den aus dem vorliegenden Gesetze sich ergebenden Abweichungen — nur die allgemeinen Vorschriften der ersten sechs Abschnitte (§§ 241—432) Anwendung.

6. Selbst wenn die Annahme zutreffend wäre, daß vermöge der Ableitung des Verlagsrechts aus dem Urheberrechte mit der Verschaffung des Verlagsrechts eine Veräußerung gewisser Bestandteile des Urheberrechts vollzogen wird, würde diese Veräußerung doch nur die Bedeutung einer Einzelfunktion des Verlagsvertrags haben, und daher ist der Verlagsvertrag als ein Veräußerungsgeschäft im Sinne der Tarifstelle 32 des Preuß. Stempelsteuergesetzes v. 31. Juli 1895 nicht anzusehen; vielmehr unterliegt die über den Verlagsvertrag errichtete Urkunde, gleichviel ob der Verleger dem Verfasser eine Vergütung zu gewähren hat oder nicht, nach Preuß. Rechte nur dem allgemeinen Vertragsstempel von 1,50 Mark.

§. 9.

Das Verlagsrecht entsteht mit der Ablieferung des Werkes an den Verleger[1]) und erlischt mit der Beendigung des Vertragsverhältnisses.[2])

Soweit der Schutz des Verlagsrechts es erfordert,[3]) kann der Verleger gegen den Verfasser[4]) sowie gegen Dritte[5]) die Befugnisse ausüben, die zum Schutze des Urheberrechts durch das Gesetz vorgesehen sind.[6])

1. Durch den Abschluß des Verlagsvertrags erlangt der Verleger nur einen persönlichen Anspruch gegen den Verfasser auf Ueberlassung des Werkes (§ 1) und auf Verschaffung des Verlagsrechts (§ 8). Schließt der Verfasser demnächst über dasselbe Werk einen anderen Verlagsvertrag mit einem zweiten Verleger, so entscheidet über die Frage, in wessen Person das Verlagsrecht entsteht, nicht der frühere Vertragsschluß, sondern dasjenige Ereigniß, an welches nach § 9 die Entstehung des Ver-

lagsrechts geknüpft ist, nämlich die Ablieferung des Werkes. Daß „Werk“ im Sinne des § 9 die Handschrift ist, in welcher sich die literarische oder musikalische Schöpfung verkörpert, darüber vgl. Anm. 5 zu § 1. Als Ablieferung ist — in Anlehnung an die für § 377 HGB. maßgebende Auffassung — derjenige Akt anzusehen, durch welchen der Verfasser den Verleger in die Lage setzt, thatsächlich über das Werk zu verfügen. Vgl. RG. i. Civils. 5 S. 28. Erfolgt die Ablieferung des Werkes in Theilen, so entsteht nicht etwa mit der Ablieferung des ersten Theiles das Verlagsrecht für das ganze Werk; das Verlagsrecht erstreckt sich vielmehr in jedem Augenblicke nicht weiter als auf die abgelieferten Theile.

2. Das einmal entstandene Verlagsrecht geht nicht dadurch unter, daß das Werk dem Verfasser zu vorübergehender Benutzung, sei es behufs Vornahme von Aenderungen, sei es zur Durchsicht des Korrekturabzugs, zurückgegeben wird; wenn aber die Zurückgabe erfolgt, weil das Werk nicht von vertragsmäßiger Beschaffenheit ist, so erscheint die Annahme, daß das Verlagsrecht fortdauere, ausgeschlossen. Im Uebrigen erlischt das Verlagsrecht erst mit der Beendigung des durch den Verlagsvertrag begründeten Rechtsverhältnisses, die entweder nach Maßgabe der §§ 17, 29—33, 35, 36 oder durch Aufhebung des Verlagsvertrags eintritt. Dagegen ist das Verlagsrecht in seinem Bestande von der Fortdauer des Urheberrechts abhängig. Endigt der Schutz des Urheberrechts (§§ 29ff. UG.) vor der Beendigung des Vertragsverhältnisses, so erlischt selbstverständlich auch die mit dem Verlagsrechte verbundene ausschließliche Befugniß zur Vervielfältigung und Verbreitung des Werkes. In keinem Falle bedarf es eines besonderen rechtsgeschäftlichen Aktes, um die im Verlagsrecht enthaltenen Befugnisse auf den Verfasser zurückzuübertragen; das Verlagsrecht entsteht für den Verleger nur unter einer auflösenden Bedingung; endigt das

Vertragsverhältniß zwischen dem Verfasser und dem Verleger, so tritt der frühere Rechtszustand wieder ein (§ 158 Abs. 2 BGB.), d. h., das Urheberrecht des Verfassers wird ohne Weiteres von den ihm durch das Verlagsrecht gezogenen Schranken befreit.

3. Der Schutz des Verlagsrechts erstreckt sich soweit, wie der Verfasser der Vervielfältigung und Verbreitung sich zu enthalten verpflichtet ist, d. h. weiter als die dem Verleger zustehende Befugniß zur Vervielfältigung und Verbreitung. Vgl. Anm. 1 zu § 8.

4. Auch gegen den Verfasser kann der Verleger die zum Schutze des Urheberrechts vorgesehenen Befugnisse nur ausüben, wenn ihm das Verlagsrecht verschafft worden ist. Bestand an dem in Verlag gegebenen Werke kein Urheberrecht, so ist der Verleger gegen die anderweitige Vervielfältigung und Verbreitung seitens des Verfassers nur für die Dauer von 6 Monaten nach der Veröffentlichung des Werkes geschützt (§ 39 Abs. 3), und auch während dieser Frist kommen nicht die besonderen Vorschriften über den Schutz des Urheberrechts zur Anwendung; vielmehr kann der Verleger nur Vertragserfüllung und Schadensersatz wegen Nichterfüllung nach Maßgabe der allgemeinen Normen des bürgerlichen Rechtes fordern.

5. Der Schutz gegen Dritte beruht nicht auf dem obligatorischen Inhalte des Verlagsvertrags, sondern auf der dinglichen Natur des Verlagsrechts (§ 8).

6. Der Schutz des Urhebers gegen Rechtsverletzung besteht in dem Anspruch auf Schadensersatz (§ 36 UG.), in der Befugniß, die Strafverfolgung sowie die Verhängung einer Buße zu beantragen (§§ 38—41, 44, 45 UG.), und in dem Anspruch auf Vernichtung der widerrechtlich hergestellten oder verbreiteten Exemplare sowie der zur widerrechtlichen Vervielfältigung bestimmten Vorrichtungen (§§ 42, 43, 46—48 UG.). Mit dem Ablaufe der Schutzfrist (§ 29 ff. UG.) erlöschen auch die Befugnisse,

welche der Verleger vermöge des Verlagsrechts dritten Personen gegenüber hat.

§. 10.

Der Verfasser ist verpflichtet,[1]) dem Verleger das Werk in einem für die Vervielfältigung[2]) geeigneten Zustand[3])[4]) abzuliefern.

1. Die hiermit dem Verfasser auferlegte Verbindlichlichkeit folgt aus der ihm nach § 1 obliegenden Verpflichtung, das Werk dem Verleger zur Vervielfältigung zu überlassen.

2. Vervielfältigen läßt sich nur das durch eine Niederschrift wiedergegebene Werk. Diese als Mittel der Vervielfältigung dienende Niederschrift hat der Verfasser herzustellen oder auf seine Kosten herstellen zu lassen. Der Verleger ist nicht verpflichtet, Hülfskräfte zu stellen, welchen der Verfasser das Werk in die Feder diktiren kann.

3. In diesem Zustande befindet sich das Werk, wenn auf Grund der Niederschrift die Vervielfältigung ohne besondere Schwierigkeiten möglich ist; insbesondere muß also das Manuskript einigermaßen deutlich geschrieben sein, so daß die Vervielfältigung besondere Anforderungen an die Findigkeit der Setzer nicht stellt. Ob der äußere Zustand, in welchem das Werk abgeliefert wird, der gesetzlichen Anforderung entspricht, ist im einzelnen Falle unter Berücksichtigung der Verkehrssitte zu entscheiden.

4. Die Anforderungen, welche der Verleger an den Inhalt und die sonstigen Eigenschaften des Werkes stellen darf, ergeben sich nicht aus § 10, sondern aus den im Verlagsvertrag enthaltenen Vereinbarungen. Entspricht das Werk diesen Vereinbarungen nicht, so kommen die besonderen Vorschriften des § 31 zur Anwendung.

§. 11.[1])

Ist der Verlagsvertrag über ein bereits vollendetes Werk geschlossen, so ist das Werk sofort abzuliefern.[2])

Soll das Werk erst nach dem Abschlusse des Verlagsvertrags hergestellt werden, so richtet sich die Frist der Ablieferung nach dem Zwecke, welchem das Werk dienen soll.[3]) Soweit sich hieraus nichts ergiebt, richtet sich die Frist nach dem Zeitraum, innerhalb dessen der Verfasser das Werk bei einer seinen Verhältnissen entsprechenden Arbeitsleistung herstellen kann; eine anderweitige Thätigkeit des Verfassers[4]) bleibt bei der Bemessung der Frist nur dann außer Betracht, wenn der Verleger die Thätigkeit bei dem Abschlusse des Vertrags weder kannte noch kennen mußte.[5])[6])

1. Ueber die Frage, bis zu welchem Zeitpunkte der Verfasser das Werk abzuliefern hat, wird vielfach im Verlagsvertrage Bestimmung getroffen, wenngleich der Verleger — namentlich bei wissenschaftlichen Werken — kaum darauf zu rechnen pflegt, daß die vertragsmäßige Frist seitens des Verfassers innegehalten wird.

2. Abs. 1 entspricht dem allgemeinen Grundsatze des § 271 Abs. 1 BGB.

3. Ist der Zweck, welchem das Werk dienen soll, ersichtlich, so kommt es nicht darauf an, ob die dem Verfasser zugemuthete Arbeitsleistung mit Rücksicht auf seine Berufsstellung oder anderweitige literarische Thätigkeit seine Kräfte über Gebühr in Anspruch nimmt; der Verfasser, welcher die Herstellung des Werkes übernommen hat und

dessen Zweck kennt, muß die hieraus sich ergebende Frist der Ablieferung einhalten. Im Uebrigen hat das Gesetz von der etwas mechanischen Regelung der §§ 1002—1004 ALR. I, 11 Abstand genommen und die persönlichen Verhältnisse des Verfassers, zu denen auch seine anderweitige Beschäftigung gehört, als für die ihm zuzumuthende Arbeitsleistung maßgebend erklärt.

4. Ob der Verleger aus dem Schweigen des Verfassers entnehmen darf, daß dieser anderweit nicht in Anspruch genommen ist, hängt von den Umständen des einzelnen Falles ab; die Annahme, der Verleger dürfe aus dem Schweigen des Verfassers schließen, daß dieser nicht durch andere Arbeiten in Anspruch genommen werde (Begr. S. 68), erscheint in dieser Allgemeinheit nicht zutreffend. Jedenfalls trifft die Beweislast dafür, daß er die sonstige Thätigkeit des Verfassers weder kannte noch kennen mußte, den Verleger, und ein Verzug des Verfassers liegt nicht vor, so lange die Ablieferung des Werkes in Folge eines von ihm nicht zu vertretenden Umstandes verzögert wird. § 285 BGB.

5. Ist die Frist, innerhalb welcher die Ablieferung zu erfolgen hat, im Vertrage bestimmt, so kommt Abs. 2 nicht zur Anwendung; insbesondere ist daher in diesem Falle die Berücksichtigung der anderweitigen Thätigkeit des Verfassers ausgeschlossen. Dagegen kommen auch hier, wenn der Verfasser durch Umstände, die er nicht zu vertreten hat, an der rechtzeitigen Vollendung des Werkes gehindert wird, die allgemeinen Grundsätze der §§ 275, 285, 323 BGB. zur Anwendung. Kom.-Ber. S. 19, 20. Ueber die Rechte, welche dem Verleger zustehen, wenn die Ablieferung des Werkes nicht rechtzeitig erfolgt, vgl. § 30.

6. Titel, Vorwort und Register werden regelmäßig zuletzt gedruckt und pflegen daher erst abgeliefert zu werden, nachdem das Werk im Uebrigen vervielfältigt

ist. Die Anfertigung des Registers ist vorher gar nicht möglich. Dieser Unmöglichkeit und der hierauf beruhenden Verkehrssitte ist bei Anwendung des § 11 Rechnung zu tragen.

§. 12.

Bis zur Beendigung der Vervielfältigung[1]) darf der Verfasser Aenderungen an dem Werke vornehmen. Vor der Veranstaltung einer neuen Auflage[2]) hat der Verleger dem Verfasser zur Vornahme von Aenderungen Gelegenheit[3]) zu geben. Aenderungen sind nur insoweit[4]) zulässig, als nicht durch sie ein berechtigtes Interesse des Verlegers verletzt wird.[5])

Der Verfasser darf die Aenderungen durch einen Dritten[6]) vornehmen lassen.

Nimmt der Verfasser nach dem Beginne der Vervielfältigung[7]) Aenderungen vor, welche das übliche Maß übersteigen,[8]) so ist er verpflichtet, die hieraus entstehenden Kosten[9]) zu ersetzen; die Ersatzpflicht liegt ihm nicht ob, wenn Umstände, die inzwischen[10]) eingetreten sind, die Aenderung rechtfertigen.[11])

1. § 12 regelt die Frage, ob und inwieweit der Verfasser Aenderungen an dem Werke vornehmen darf. Bildet ein erst herzustellendes Werk den Gegenstand des Verlagsvertrags, so würde auch nach den allgemeinen Grundsätzen des bürgerlichen Rechtes bis zur Ablieferung des Werkes der Verfasser zu solchen Aenderungen befugt sein, welche die vertragsmäßige Beschaffenheit des Werkes nicht beeinträchtigen. Dem Verfasser sind indeß, der herrschenden Rechtsanschauung und Uebung entsprechend, weitergehende Befugnisse zu gewähren, und daher erkennt § 12 Abs. 1 Satz 1 das Recht des Ver-

fassers auf Vornahme von Aenderungen grundsätzlich bis zur Beendigung der Vervielfältigung, sei es vor oder nach deren Beginn, an; sobald dagegen die Vervielfältigung abgeschlossen ist, darf der Verfasser einseitig Aenderungen nicht vornehmen, selbst wenn er sich erbietet, die hieraus entstehenden Kosten zu tragen; das vervielfältigte Werk darf der Verleger verbreiten, ohne daß dem Verfasser das Recht zu Berichtigungen oder Ergänzungen zusteht.

2. d. i. jeder neuen Auflage. Kom.-Ber. S. 26. Ueber den Begriff der Auflage siehe Anm. 1 zu § 5. Die erste Auflage kommt hier nicht in Betracht, da das Manuskript für diese nach § 10 in druckfertigem Zustand abzuliefern ist.

3. Eine Verpflichtung zur Vornahme von Aenderungen liegt dem Verfasser selbst bei einem wissenschaftlichen Werke nicht ob, dessen neue Auflage, wenn sie in unveränderter Gestalt erschiene, vielleicht veraltet sein würde. Wenn aber das Gesetz in solchem Falle dem Verleger nicht gestattet, einen Zwang gegen den Verfasser auszuüben, so wird in der Regel der Verfasser aus eigenem Antriebe die gebotenen Aenderungen vornehmen, um die neue Auflage mit dem zeitigen Stande der Wissenschaft in Einklang zu bringen.

4. Die Fassung ergiebt, daß es sich um eine Einschränkung des in Satz 1 dem Verfasser eingeräumten Rechtes zu Berichtigungen und Ergänzungen handelt. Eine weitere Einschränkung als die in Abs. 1 Satz 3 ausgesprochene kennt das Gesetz nicht; Abs. 3 regelt nur die Kostenfrage.

5. Eine Verletzung des berechtigten Interesses des Verlegers wird nicht nur dann anzunehmen sein, wenn das Werk durch die vom Verfasser gewünschten Aenderungen die vertragsmäßige Beschaffenheit verliert, sondern auch dann, wenn durch die Berücksichtigung der gewünschten Aenderungen der in Aussicht genommene

Zeitpunkt des Erscheinens soweit hinausgerückt werden würde, daß der Absatz des Werkes gefährdet erscheint. Im Uebrigen kommt der Umfang der Aenderungen nur für die Frage in Betracht, ob und inwieweit der Verfasser die erwachsenden Kosten zu ersetzen hat. Aenderungen, die nach Satz 3 unzulässig sind, braucht der Verleger nicht zu berücksichtigen; abweichend § 1008 ALR. 1, 11, welcher den Verleger vor die Wahl stellt, entweder die Aenderungen zu genehmigen oder vom Vertrage zurückzutreten.

6. Die Rechte des § 12 stehen demjenigen zu, welcher mit dem Verleger den Vertrag abgeschlossen hat, auch wenn er nicht der Verfasser ist (§ 48). Wie aber der Verfasser sich bei Herstellung des Werkes der Beihülfe eines Dritten bedienen kann, so darf der Verleger Aenderungen, welche an dem fertigen Werke vorgenommen sind, nicht zurückweisen, weil der Verfasser sie durch einen Dritten hat ausführen lassen. Selbstverständlich findet auch in diesem Falle die in Abs. 1 Satz 3 enthaltene Vorschrift Anwendung.

7. Vor dem Beginne der Vervielfältigung entstehen durch Aenderungen, welche der Verfasser an dem Werke vornimmt, keinerlei besondere Kosten. Die Kostenfrage wird erst von Bedeutung, wenn die Vervielfältigung, d. i. die auf Herstellung der zur Verbreitung bestimmten Exemplare gerichtete Thätigkeit, bereits begonnen hat.

8. Bisher hatte der Verfasser grundsätzlich die Kosten der Autorkorrekturen, d. i. der während der Vervielfältigung nachträglich im Satze vorgenommenen Aenderungen, zu tragen (§ 1009 ALR. I, 11), wenngleich seitens der Verleger meist ein weitgehendes Entgegenkommen geübt und Ersatz der Kosten nicht oder nur bei besonders umfangreichen Aenderungen gefordert wurde. Durch Abs. 3 wird die Ersatzpflicht des Verfassers auf solche Aenderungen beschränkt, welche über das übliche Maß hinausgehen; die kleinen Korrekturen, welche nicht neue Umbrechungen zur Folge haben, sondern nur in der

Aenderung einzelner Satztheile, Wörter oder Interpunktionen bestehen, dürfen somit dem Verfasser nicht angerechnet werden. Als über das übliche Maß hinausgehend sind Aenderungen namentlich dann zu erachten, wenn sie erkennen lassen, daß das vom Verfasser abgelieferte Manuskript, dessen Vervielfältigung begonnen hat, noch nicht druckreif war.

9. Die Ersatzpflicht des Verfassers erstreckt sich nicht auf die gesammten Kosten, welche durch die das übliche Maß übersteigenden Aenderungen verursacht werden; die Kosten sind von dem Verfasser nur insoweit zu tragen, als sie die dem Verleger zur Last fallenden Kosten der üblichen Aenderungen übersteigen. Diese Beschränkung der Ersatzpflicht ergiebt sich aus den Worten „hieraus entstehenden". Dagegen ist die Ersatzpflicht des Verfassers nicht etwa auf den Betrag der vereinbarten Vergütung beschränkt.

10. d. h. nach der Ablieferung des Werkes.

11. Bei wissenschaftlichen Werken wird hiernach die Ersatzpflicht des Verfassers ausgeschlossen sein, wenn vor Beendigung der Vervielfältigung andere Schriften erscheinen, deren Inhalt der Verfasser in seinem Werke berücksichtigen zu müssen glaubt. Verwirft dagegen der Verfasser auf Grund nochmaliger Prüfung eine in dem abgelieferten Werke ausgesprochene Ansicht, so ist die hierdurch bedingte Aenderung nicht als solche zu erachten, welche durch inzwischen eingetretene Umstände gerechtfertigt wird. In jedem Falle trifft die Beweislast den Verfasser, welcher seine Verpflichtung in Abrede stellt. Die Ersatzpflicht des Verfassers muß selbstverständlich auch dann als ausgeschlossen gelten, wenn es sich um eine vom Verleger gewünschte oder angeordnete Aenderung handelt, für welche der Verfasser seine Einwilligung ertheilt hat.

§. 13.

Der Verleger[1]) darf an dem Werke selbst,[2]) an,

dessen Titel und an der Bezeichnung des Urhebers[3]) Zusätze, Kürzungen oder sonstige Aenderungen[4]) nicht vornehmen.[5])

Zulässig[6]) sind Aenderungen, für die der Verfasser seine Einwilligung nach Treu und Glauben nicht versagen kann.[7])

1. Da durch das dem Verleger eingeräumte Recht der Vervielfältigung und Verbreitung des Werkes das persönliche Interesse des Urhebers an dem Werke nicht erlischt, so ist dem Verleger die Befugniß, das Werk eigenmächtig abzuändern, grundsätzlich versagt. Diese der bisherigen Rechtsanschauung entsprechende Regelung ist im § 9 Abs. 1 UG. dahin verallgemeinert, daß sie bei jeglicher Uebertragung des Urheberrechts zur Anwendung gelangt. Für das Gebiet des Verlagsrechts ist hiermit dem Verfasser der Anspruch gegeben, daß sein Werk einschließlich des Titels und der Vorrede genau so, wie er es abgeliefert hat, vervielfältigt und verbreitet werde. Dieser Rechtssatz gilt auch mit Bezug auf Beiträge für eine Zeitung, eine Zeitschrift oder ein sonstiges periodisches Sammelwerk (§ 41). Eine Abweichung enthält § 44 nur hinsichtlich solcher Beiträge, welche ohne den Namen des Verfassers erscheinen.

2. gleichviel ob es sich um eine selbständige Schöpfung des Verfassers, um eine Uebersetzung oder um eine sonstige Bearbeitung, um ein Werk der Literatur oder um ein Werk der Tonkunst handelt.

3. Der Schutz des Verfassers gegen willkürliche Aenderungen reicht somit weiter als das Urheberrecht; er erstreckt sich nicht nur auf das Werk selbst, sondern auch auf dessen Titel einschließlich der Bezeichnung des Urhebers.

4. Selbst unwesentliche Aenderungen sind dem Verleger nicht gestattet.

5. Die Zuwiderhandlung gegen das Verbot des § 13 berechtigt den Verfasser nicht nur, Beseitigung der widerrechtlichen Aenderungen durch Neudruck der von den Aenderungen betroffenen Theile, sondern auch die Bestrafung des Verlegers gemäß § 38 Abs. 2 und 3 UG. zu verlangen. Die Strafandrohung richtet sich auch gegen den Sortimentsbuchhändler, welcher an den ihm überlassenen Exemplaren des Werkes eigenmächtig Aenderungen vornimmt. Vgl. RG. i. Civils. 18 S. 18.

6. Soweit der Verfasser in die vom Verleger angeregten Aenderungen einwilligt, liegt eine vom Verleger vorgenommene Aenderung im Sinne des § 13 Abs. 1 nicht vor; die Zulässigkeit einer solchen Aenderung brauchte das Gesetz nicht auszusprechen. Die Einwilligung kann schon im Voraus allgemein, sei es für Aenderungen jeder Art oder für gewisse Aenderungen, ertheilt werden; sie kann ausdrücklich oder stillschweigend erklärt werden.

7. Abs. 2 bekräftigt nur eine Schlußfolgerung, welche sich ohnehin aus § 157 BGB. ergeben würde. Als Aenderungen, welche der Verleger hiernach vornehmen kann, ohne sich vorher mit dem Verfasser ins Einvernehmen zu setzen, bezeichnet die Begr. (S. 69) die Verbesserung unzweifelhafter Schreib- und Stichfehler. Ob der Verleger berechtigt ist, ohne Einwilligung des Verfassers eine andere Rechtschreibung zu Grunde zu legen, hängt von den besonderen Umständen des einzelnen Falles ab. Bei Beiträgen für eine in kurzen Zwischenräumen erscheinende Zeitung ist es vielfach üblich, daß der Redakteur, ohne den Verfasser zu befragen, an dem Beitrage Kürzungen oder solche Aenderungen vornimmt, welche durch die politische Haltung oder die sonstige Richtung der Zeitung bedingt werden; insoweit sich diese Gepflogenheit zu einer über den Kreis der einzelnen Zeitung hinausgehenden Verkehrssitte gestaltet hat, findet auf die vom Redakteur vorgenommenen Aenderungen Abs. 2 Anwendung.

§. 14.[1])

Der Verleger ist verpflichtet, das Werk in der zweckentsprechenden und üblichen Weise[2]) zu vervielfältigen und zu verbreiten. Die Form und Ausstattung der Abzüge[3]) wird unter Beobachtung der im Verlagshandel herrschenden Uebung sowie mit Rücksicht auf Zweck und Inhalt des Werkes[4]) von dem Verleger bestimmt.

1. Mit § 14 beginnen die besonderen Vorschriften über die Pflichten, welche der Verleger hinsichtlich der Vervielfältigung und Verbreitung zu erfüllen hat (§§ 14—16).

2. Steht die Uebung nicht fest oder ist sie eine mißbräuchliche, so muß es dabei bewenden, daß der Verleger das Werk in einer seinem Zwecke entsprechenden Weise vervielfältigt und verbreitet. Die Uebung ist bei den einzelnen Gattungen der Werke, welche Gegenstand eines Verlagsvertrags sein können, eine verschiedene; im Buchverlage wird das Werk auf mechanischem Wege durch Druck vervielfältigt; bei Orchesterpartituren wird die Vervielfältigung zuweilen nur durch Abschreiben bewirkt. Soweit für Werke gewisser Art die Verbreitung im Wege des Kolportagehandels oder durch Waarenhäuser üblich geworden ist, kann der Verfasser keinen Einspruch erheben, wenn der Verleger diesen Weg der Verbreitung wählt.

3. Als zur Form und Ausstattung gehörig bezeichnet die Begr. (S. 71) namentlich die Beschaffenheit des Papiers, das Format, den Druck und die zur Ausschmückung der einzelnen Blätter vielfach üblichen Leisten. Den Text des Werkes mit Illustrationen zu versehen, ist der Verleger ohne Einwilligung des Verfassers nicht berechtigt.

4. Die Beschränkungen, welchen das Bestimmungsrecht des Verlegers mit Bezug auf Form und Ausstattung der Abzüge unterliegt, enthalten lediglich eine Anwendung des im § 157 BGB. ausgesprochenen Rechtssatzes. Ist für Werke einer gewissen Gattung die Verwendung eines minderwerthigen Papiers üblich, so hat, falls nicht Zweck und Inhalt des Buches diese Uebung als eine mißbräuchliche erscheinen lassen, der Verfasser keinen Anspruch darauf, daß der Verleger ein besseres Papier verwendet.

§. 15.

Der Verleger[1]) hat mit der Vervielfältigung zu beginnen, sobald ihm das vollständige Werk zugegangen ist.[2]) Erscheint das Werk in Abtheilungen,[3]) so ist mit der Vervielfältigung zu beginnen, sobald der Verfasser eine Abtheilung abgeliefert hat, die nach ordnungsmäßiger Folge zur Herausgabe bestimmt ist.[4])

1. Im § 15 wird nur bestimmt, wann der Verleger mit der Vervielfältigung zu beginnen hat; hinsichtlich der Zeit, binnen welcher der Verleger die begonnene Vervielfältigung zu vollenden und das vervielfältigte Werk zu verbreiten hat, ergiebt sich aus § 271 BGB., daß, soweit nicht ein Anderes bestimmt ist, die einmal begonnene Vervielfältigung unverzüglich zu Ende zu führen und nach Beendigung der Vervielfältigung das Werk sofort zu verbreiten ist. Kom.-Ber. S. 23.

2. Der Verfasser ist also, wie sich aus der Natur der Sache ergiebt, vorzuleisten verpflichtet, und zwar in dem Sinne, daß bei stückweiser Ablieferung des Manuskripts der Verleger mit der Vervielfältigung warten darf, bis der Verfasser der ihm nach § 10 obliegenden Verpflichtung genügt, d. h. das ganze Werk abgeliefert hat.

3. d. h. in einzelnen Bänden, Theilen, Heften oder Lieferungen, deren Gesammtheit das in Verlag gegebene Werk darstellt. Nur wenn eine derartige Herausgabe des Werkes nach Inhalt des Verlagsvertrags vereinbart ist, ist der Verleger verpflichtet, das Werk in Abtheilungen erscheinen zu lassen. Ueber das Verbot, Druckschriften, welche in Lieferungen erscheinen, im Wege des Kolportagehandels zu vertreiben, wenn nicht der Gesammtpreis auf jeder einzelnen Lieferung an einer in die Augen fallenden Stelle verzeichnet ist, siehe § 56 Abs. 2 Ziff. 12 der Gewerbeordnung.

4. Der Umfang der zur Herausgabe bestimmten einzelnen Abtheilungen wird sich, sofern es an näheren Bestimmungen im Vertrage fehlt, in der Regel aus der im Verlagshandel herrschenden Uebung ergeben. Hinsichtlich der Verpflichtung des Verlegers, mit der Vervielfältigung zu beginnen und sie zu vollenden, gilt jede Abtheilung als ein Ganzes.

§. 16.

Der Verleger ist verpflichtet, diejenige Zahl von Abzügen herzustellen, welche er nach dem Vertrag oder gemäß dem §. 5 herzustellen berechtigt ist.[1]) Er hat rechtzeitig dafür zu sorgen, daß der Bestand nicht vergriffen wird.[2])

1. § 16 giebt der Verpflichtung des Verlegers zur Vervielfältigung den näheren Inhalt, und zwar dahin, daß die Zahl der herzustellenden Abzüge nicht dem Ermessen des Verlegers überlassen wird, sondern sich mit der Zahl derjenigen Abzüge deckt, welche der Verleger herzustellen berechtigt ist. Diese Zahl ergiebt sich entweder aus dem Verlagsvertrag oder aus § 5 Abs. 2.

2. Beim Drucke mit beweglichen Lettern pflegt nach Herstellung der Auflage der Satz wieder auseinanderge-

nommen zu werden, und daher ist es üblich, daß in solchem Falle die zulässigen Abzüge auf einmal hergestellt werden. Werden dagegen Stereotypplatten oder sonstige stehende Vorrichtungen zum Drucke verwendet oder erscheint das Werk, wie das im Musikalienhandel die Regel bildet, nicht in Auflagen, so werden die Abzüge successiv zu verschiedenen Zeiten hergestellt, und in solchem Falle genügt der Verleger der ihm obliegenden Verpflichtung, wenn er bis zur Herstellung der sämmtlichen zulässigen Abzüge dafür sorgt, daß der Bestand nicht vergriffen wird. Daraus ergiebt sich, daß, wenn die Abzüge nicht auf einmal hergestellt worden sind, die Pflicht des Verlegers zur weiteren Vervielfältigung erlischt, wenn und sobald die Nachfrage nach dem Werke gänzlich aufhört, mag auch der vorhandene Bestand ein ganz geringfügiger sein.

§. 17.

Ein Verleger, der das Recht hat, eine neue Auflage zu veranstalten, ist nicht verpflichtet, von diesem Rechte Gebrauch zu machen.[1][2] Zur Ausübung des Rechtes kann ihm der Verfasser eine angemessene Frist bestimmen.[3] Nach dem Ablaufe der Frist[4] ist der Verfasser berechtigt, von dem Vertrage zurückzutreten,[5] wenn nicht die Veranstaltung rechtzeitig erfolgt ist.[6] Der Bestimmung einer Frist bedarf es nicht, wenn die Veranstaltung von dem Verleger verweigert wird.[7]

1. Satz 1 des § 17 enthält eine Einschränkung des im § 16 ausgesprochenen Grundsatzes, und zwar dahin, daß durch Abschluß eines Verlagsvertrags für mehrere Auflagen der Verleger nicht verpflichtet wird, eine neue Auflage zu veranstalten. Die Begr. (S. 73) weist

darauf hin, daß nicht selten mit einer Auflage, auch wenn diese noch vergriffen werde, dem Bedürfnisse genügt sei und keine Aussicht für den Absatz einer neuen Auflage bestehe, zumal wenn der Verfasser die erforderlichen Ergänzungen und Berichtigungen, zu denen ihn der Verleger nicht zwingen könne (§ 13), nicht vornehmen wolle.

2. Der Befugniß des Verlegers, die Veranstaltung einer neuen Auflage zu verweigern, steht das Recht des Verfassers gegenüber, sich durch Rücktritt vom Verlagsvertrage die freie Verfügung über das Werk zu verschaffen, falls der Verleger die Veranstaltung der neuen Auflage verweigert oder trotz Aufforderung sein Recht innerhalb angemessener Frist nicht ausübt. Dieses Rücktrittsrecht ist in Satz 2—4 geregelt, während die rechtlichen Folgen, welche sich aus dem Rücktritt ergeben, in den §§ 37, 38 behandelt sind. Nach dem Sprachgebrauche des BGB. würde es zutreffender gewesen sein, die dem Verfasser verliehene Befugniß als Kündigungsrecht zu bezeichnen, da eine Aufhebung des Vertrags mit Bezug auf die bereits erschienenen Auflagen im Zweifel nicht eintritt. Vgl. Anm. 4 zu § 38.

Bei wissenschaftlichen Werken wird die Entschließung des Verlegers häufig davon abhängen, ob der Verfasser bereit ist, die gebotenen Ergänzungen und Berichtigungen vorzunehmen; in solchem Falle kann die Weigerung des Verfassers, die nach Lage der Sache wünschenswerthen oder nothwendigen Aenderungen vorzunehmen, für den Verfasser zu einer Handhabe werden, um sich für die folgende Auflage von einem inhaltlich lästigen Verlagsvertrage zu befreien.

3. Die Bestimmung der Frist ist eine empfangsbedürftige Willenserklärung, muß also, um wirksam zu werden, dem Verleger nach Maßgabe der §§ 130—132 BGB. zugehen. Erst wenn die Auflage ganz oder nahezu vollständig vergriffen ist, hat der Verleger Anlaß, eine neue Auflage vorzubereiten; daher würde eine Frist-

bestimmung, welche vor diesem Zeitpunkt erfolgt, unwirksam sein. Ist dagegen die vom Verfasser bestimmte Frist nicht angemessen, so tritt an ihre Stelle die objektiv angemessene Frist. Die Bedeutung der Frist besteht nicht etwa darin, daß der Verleger sich über die Ausübung seines Rechtes zu erklären hat, sondern darin, daß innerhalb der Frist die neue Auflage zu veranstalten ist; als angemessen ist somit nur eine solche Frist zu erachten, innerhalb welcher der Verleger die neue Auflage herzustellen vermag.

4. Der Umstand, daß das Rücktrittsrecht erst durch den Ablauf der Frist erwächst, beseitigt nicht die Wirksamkeit einer bereits bei Bestimmung der Frist abgegebenen Erklärung des Verfassers, er trete hiermit für den Fall, daß die neue Auflage nicht rechtzeitig veranstaltet werden sollte, vom Verlagsvertrage zurück.

5. Der Rücktritt erfolgt wiederum durch Erklärung gegenüber dem Verleger (vgl. § 349 BGB.). Wenn der Verleger von seinem Rechte innerhalb der ihm gesetzten Frist keinen Gebrauch macht, so führt diese Thatsache allein die Beendigung des Vertragsverhältnisses nicht herbei; vielmehr ist der Verleger auch nach dem Ablaufe der Frist zur Veranstaltung der neuen Auflage befugt, wenn und so lange der Verfasser den Rücktritt vom Vertrage nicht erklärt hat.

6. Veranstaltet ist die neue Auflage erst mit der Beendigung der Vervielfältigung. Rechtzeitig ist die Veranstaltung nur, wenn sie innerhalb der vom Verfasser bestimmten angemessenen Frist erfolgt ist.

7. Dem fruchtlosen Ablaufe der Frist steht die dem Verfasser gegenüber erklärte Weigerung des Verlegers, eine neue Auflage zu veranstalten, gleich, und daher ist im Falle der Weigerung des Verlegers eine Fristbestimmung nicht erforderlich. Da die Weigerung eine zwar empfangsbedürftige, aber einseitige Willens-

erklärung ist, so führt sie ebenso wenig wie der Fristablauf die Beendigung des Vertragsverhältnisses herbei. Auch hier tritt die Auflösung des Vertrags erst mit dem Rücktritte des Verfassers ein. Verweigert der Verleger die Veranstaltung einer neuen Auflage, nachdem ihm der Verfasser zur Ausübung dieses Rechtes eine Frist bestimmt hat, so ist der Verfasser befugt, sofort, d. i. vor Ablauf der dem Verleger gesetzten Frist, den Rücktritt zu erklären.

§. 18.[1])

Fällt der Zweck, welchem das Werk dienen sollte,[2]) nach dem Abschlusse des Vertrags[3]) weg,[4]) so kann der Verleger das Vertragsverhältniß kündigen;[5]) der Anspruch des Verfassers auf die Vergütung bleibt unberührt.[6])[7])

Das Gleiche gilt, wenn Gegenstand des Verlagsvertrags ein Beitrag zu einem Sammelwerk ist und die Vervielfältigung des Sammelwerkes unterbleibt.[8])

1. § 18 enthält eine beschränkte Anerkennung der clausula rebus sic stantibus für das Gebiet des Verlagsrechts. Grundsätzlich bleibt die Pflicht des Verlegers zur Vervielfältigung und Verbreitung des Werkes bestehen, auch wenn die Aussicht auf Verkäuflichkeit der herzustellenden Exemplare mehr oder weniger schwindet. Zum mindesten muß in solchem Falle der Verleger soviel Abzüge herstellen lassen, daß er im Stande ist, die ihm nach § 16 Satz 2 obliegende Verbindlichkeit zu erfüllen.

2. d. i. lediglich der konkrete Zweck, welchem das bestimmte Werk dienen soll, nicht das allgemeine Ziel der Verbreitung seines Werkes, welches jeder Verfasser bei Abschluß des Verlagsvertrags anstrebt.

3. War bereits bei Abschluß des Vertrags er-

sichtlich, daß das Werk völlig zwecklos ist, wird beispielsweise eine wissenschaftliche Abhandlung in Verlag gegeben, obwohl sie durch die von einem anderen Gelehrten veröffentlichte Entdeckung jede Bedeutung verloren hat, so findet § 18 keine Anwendung; in solchem Falle könnte der Verleger den Vertrag nur anfechten, wenn er durch arglistige Täuschung zu dessen Abschlusse bestimmt worden wäre (§ 123 BGB.); eine Anfechtung wegen Irrthums ist ausgeschlossen, weil die Voraussetzungen des § 119 BGB. nicht vorliegen.

4. Die Begr. (S. 73) führt einzelne Beispiele an: wenn eine Abhandlung über eine brennende Tagesfrage oder eine wissenschaftliche Frage durch plötzlich bekannt gewordene neue Thatsachen oder Entdeckungen wertlos geworden ist oder wenn eine Festschrift zwecklos wird, weil das Fest, zu welchem die Schrift erscheinen sollte, in Folge veränderter Umstände nicht stattfinden kann. In gleicher Weise würde § 18 Abs. 1 zutreffen, wenn ein Gesetzeskommentar durch Aufhebung oder wesentliche Abänderungen des erläuterten Gesetzes jegliche Bedeutung verliert.

5. Da die Einhaltung einer Kündigungsfrist nicht vorgeschrieben ist, so tritt mit demjenigen Zeitpunkt, in welchem die Kündigung von dem anwesenden Verfasser entgegengenommen wird oder dem abwesenden Verfasser zugeht (§§ 130 ff. BGB.), die Beendigung des Vertragsverhältnisses ein, sodaß das Verlagsrecht erlischt (§ 9 Abs. 1). Die Kündigung ist zulässig, gleichviel ob die Vervielfältigung beendigt, bezw. das Werk bereits erschienen ist oder nicht; von praktischer Bedeutung ist sie vornehmlich, wenn die Vervielfältigung noch garnicht begonnen oder zwar begonnen hat, aber nicht beendigt ist.

6. Nach der Begr. (S. 74) entspricht diese Regelung der Billigkeit, weil die Kündigung im einseitigen Interesse des Verlegers erfolgt. Meist wird aber

bei Wegfall des Zweckes, welchem das Werk dienen soll, nach § 35 Abs. 1 auch der Verfasser zum Rücktritte von dem geschlossenen Vertrage befugt sein, allerdings nur bis zum Beginne der Vervielfältigung; hieraus erhellt, daß das im § 18 vorgesehene Kündigungsrecht nicht nur unter dem in der Begr. geltend gemachten einseitigen Gesichtspunkte betrachtet werden darf. Bei einer nach dem Absatze bestimmten Vergütung wird der dem Verfasser verbleibende Anspruch in der Regel gegenstandslos sein, da bei Wegfall des Zweckes auf einen Absatz überhaupt nicht zu rechnen ist.

7. Nach der Fassung des Gesetzes ist die Vergütung trotz rechtmäßiger Kündigung selbst dann zu gewähren, wenn der Verfasser das Werk noch nicht vollendet oder mit der Herstellung noch garnicht begonnen hat. In diesem Falle gelangen jedoch die §§ 615, 649 BGB. zu entsprechender Anwendung; der Verfasser muß sich also auf die vereinbarte Vergütung dasjenige anrechnen lassen, was er in Folge der Aufhebung des Vertrags an Aufwendungen erspart oder durch anderweitige Verwendung seiner Arbeitskraft erwirbt oder zu erwerben böslich unterläßt.

8. Abs. 2 beruht auf der Erwägung, daß es von dem Rechtsverhältnisse des Verlegers zum Herausgeber und, wenn es an einem Herausgeber fehle, von dem Ermessen des Verlegers abhänge, ob das Sammelwerk gedruckt werde, und daß bei dieser Sachlage nicht angenommen werden könne, der Verleger habe sich zum Abdrucke des Beitrags auch für den Fall verpflichten wollen, daß die Vervielfältigung des Sammelwerkes unterbleibe. Begr. S. 73, 74.

§. 19.

Werden von einem Sammelwerke neue Abzüge[1]) hergestellt, so ist der Verleger im Einverständnisse

mit dem Herausgeber[2]) berechtigt, einzelne Beiträge wegzulassen.[3])

1. gleichviel ob es sich um die Veranstaltung einer neuen Auflage handelt oder nicht.

2. Der Herausgeber vertritt dem Verleger gegenüber das Interesse der einzelnen Mitarbeiter. Fehlt es an einem Herausgeber, so wird der Verleger nach eigenem Ermessen handeln dürfen.

3. Der Zweck, welchem das Sammelwerk dient, erheischt es unter Umständen, daß einzelne Beiträge weggelassen oder durch andere Arbeiten ersetzt werden. Macht der Verleger von der ihm eingeräumten Befugniß Gebrauch, so ist das Vertragsverhältniß als beendigt anzusehen; die Beendigung tritt aber nicht durch eine dem Verfasser gegenüber abzugebende Willenserklärung, sondern durch die Thatsache der Weglassung des Beitrags ein, und mit diesem Zeitpunkt erlischt das durch den Vertrag begründete Verlagsrecht, ohne daß der Anspruch des Verfassers auf die vereinbarte Vergütung hiervon berührt wird.

§. 20.

Der Verleger hat für die Korrektur zu sorgen.[1]) Einen Abzug hat er rechtzeitig dem Verfasser zur Durchsicht vorzulegen.[2])

Der Abzug gilt als genehmigt, wenn der Verfasser ihn nicht binnen einer angemessenen Frist dem Verleger gegenüber beanstandet.[3])

1. Da die ordnungsmäßige Vervielfältigung dem Verleger obliegt, so hat er durch Korrektur für die Herstellung eines im wesentlichen fehlerfreien Abzugs zu sorgen. Der Verfasser ist zur Mitwirkung bei der Korrektur grundsätzlich weder berechtigt, noch verpflichtet.

2. Von der Korrektur ist die Revision, d. h. die Durchsicht der auf Grund der Korrektur berichtigten Bogen, zu unterscheiden. An dieser Durchsicht hat der Verfasser ein Interesse, nicht nur um etwaige, trotz der Korrektur vorhandene Mängel zu beseitigen, sondern auch im Hinblick auf die ihm nach § 12 zustehende Befugniß zur Vornahme von Aenderungen. Die Verpflichtung des Verlegers, dem Verfasser einen korrigirten Abzug behufs Revision zugehen zu lassen, besteht auch dann, wenn der Verfasser sich weder im Verlagsvertrage, noch sonst vor Ablieferung des Werkes die Revision vorbehalten hat.

3. Eine Verpflichtung des Verfassers zur Revision ist im Gesetze nicht ausgesprochen. Nach der Begr. (S. 74) könnte eine derartige Verpflichtung zu Unzuträglichkeiten führen, „namentlich wenn der Verfasser persönlich zur Durchsicht außer Stande ist, sich auf Reisen befindet oder durch andere Geschäfte völlig in Anspruch genommen wird". Hierzu tritt die weitere Erwägung, daß es an einem geeigneten Mittel fehlen würde, um den Verfasser zur Durchsicht des ihm übersandten Revisionsabzugs zu zwingen. Für den Verleger aber, welcher dem Verfasser den Revisionsabzug vorgelegt hat, können Schwierigkeiten daraus erwachsen, daß der Verfasser die Durchsicht verzögert oder deren Ergebniß nicht mittheilt. Dieser Erwägung verdankt der auf einem Beschlusse der RT.-Kom. beruhende Abs. 2 seine Entstehung. Welche Frist als angemessen zu erachten ist, hängt von den besonderen Umständen des einzelnen Falles ab. Eine Beanstandung im Sinne der obigen Vorschrift liegt selbstverständlich nur vor, wenn der Verfasser die Mängel, deren Abstellung er fordert, oder die Aenderungen, welche er vorzunehmen wünscht, im einzelnen bezeichnet.

§. 21.

Die Bestimmung des Ladenpreises,[1]) zu welchem

das Werk verbreitet wird, steht für jede Auflage dem Verleger zu.[2]) Er darf den Ladenpreis ermäßigen, soweit nicht berechtigte Interessen des Verfassers verletzt werden.[3]) Zur Erhöhung dieses Preises bedarf es stets der Zustimmung des Verfassers.[4])

1. Vom Ladenpreis unterscheidet sich der Buchhändlerpreis, für welchen der Verleger an den Sortimentsbuchhändler verkauft. Dem kaufenden Publikum wird indes auch Seitens des Sortimentsbuchhändlers ein Rabatt vom Ladenpreise gewährt. Auf die Höhe dieses Rabatts ist der Verfasser ohne Einfluß, selbst wenn vertragsmäßig die Bestimmung des Ladenpreises seiner Genehmigung unterliegt.

2. Diese Regelung beruht auf der Erwägung, daß der Absatz für Rechnung des Verlegers stattfindet, dieser also das Risiko des ganzen Geschäfts trägt. Die Festsetzung eines übermäßig hohen Preises, welcher die Verbreitung des Werkes wesentlich beeinträchtigt, würde nicht nur den eigenen Interessen des Verlegers widerstreiten, sondern auch seiner Verbindlichkeit, das Werk in der zweckentsprechenden und üblichen Weise zu verbreiten (§ 14), zuwiderlaufen. Nach dem Entwurfe durfte, wenn die dem Verfasser gebührende Vergütung von der Höhe des Preises abhing, dessen Bestimmung nur im Einverständnisse mit dem Verfasser erfolgen. Die Beseitigung dieser Vorschrift beruht auf einem Beschlusse der RT.-Kom., für welchen anscheinend die Erwägung maßgebend war, daß bei einem derartigen gesellschaftsähnlichen Verhältnisse die Nothwendigkeit des Einverständnisses mit dem Verfasser schon aus allgemeinen Rechtsgrundsätzen folge.

3. Eine Preisermäßigung ist für den Verleger namentlich dann geboten, wenn der ursprüngliche Laden-

preis sich als zu hoch herausgestellt hat oder wenn einer auftauchenden Konkurrenz zu begegnen ist. Immerhin greift die Preisherabsetzung auch in die Interessensphäre des Verfassers ein, da sie unter Umständen geeignet ist, das Werk zu diskreditiren. Aus diesem Grunde ist bei der Preisermäßigung der Verleger zwar nicht an die Zustimmung des Verfassers, wohl aber an eine billige Rücksichtnahme auf dessen Interessen gebunden; werden durch die Preisermäßigung berechtigte Interessen des Verfassers verletzt, so ist dieser der Ermäßigung zu widersprechen befugt. Die im Streitfalle durch das Gericht zu schützenden Interessen des Verfassers können auf idealem Gebiete liegen, aber auch darin bestehen, daß durch die Preisermäßigung die Vergütung, welche er zu beanspruchen hat, geschmälert wird.

4. Daß zur Erhöhung des ursprünglichen Preises die Zustimmung des Verfassers erforderlich ist, entspricht, wie es in der Begr. (S. 75) heißt, der bestehenden Uebung. Vermöge des nach § 26 dem Verfasser zustehenden Rechtes, die vorhandenen Abzüge käuflich zu übernehmen, kann bei der Preiserhöhung auch das materielle Interesse des Verfassers in Frage kommen.

§. 22.

Der Verleger ist verpflichtet, dem Verfasser die vereinbarte Vergütung zu zahlen.[1]) Eine Vergütung gilt als stillschweigend vereinbart, wenn die Ueberlassung des Werkes den Umständen nach nur gegen eine Vergütung zu erwarten ist.[2])[3])

Ist die Höhe der Vergütung nicht bestimmt, so ist eine angemessene[4]) Vergütung in Geld[5]) als vereinbart anzusehen.

1. Der Verlagsvertrag gehört zwar zu den gegenseitigen Verträgen im Sinne der §§ 320 ff. BGB.;

die einen wesentlichen Bestandtheil des Vertrags bildende Leistung des Verlegers besteht indes nur in der Vervielfältigung und Verbreitung des Werkes. Die Verpflichtung des Verlegers zur Zahlung einer Vergütung ist kein wesentliches Erforderniß des Verlagsvertrags, und daher kann sich der Verleger durch Zahlung der Vergütung nicht etwa von der ihm nach § 1 Satz 2 obliegenden Verpflichtung befreien. Ist aber eine Vergütung vereinbart, so bildet sie einen Bestandtheil der dem Verleger obliegenden Leistung, welche im Verhältnisse zur Leistung des Verfassers die Natur einer Gegenleistung hat. Die vereinbarte Vergütung braucht nicht in Geld zu bestehen, wenngleich die Fassung des Gesetzes nur diesen Fall berücksichtigt.

2. Einer Rechtsvermuthung darüber, ob eine Vergütung als stillschweigend vereinbart zu gelten habe oder nicht, hat sich das Gesetz enthalten; insbesondere ist eine Vermuthung für die Honorarzahlung nicht aufgestellt, weil in zahlreichen Fällen — nicht nur auf dem Gebiete des Zeitungs- und Zeitschriftenwesens, sondern auch im Buch- und Musikalienverlage — der Verleger eine Vergütung nicht gewährt, ganz abgesehen davon, daß zuweilen sogar der Verfasser einen Zuschuß zu den Kosten der Vervielfältigung und Verbreitung zu leisten hat.

3. Im Buch- und Musikalienverlage wird regelmäßig mittels Vereinbarung Gewißheit darüber geschaffen, ob und in welcher Höhe der Verleger eine Vergütung zu gewähren hat. Dagegen ist bei Einsendung von Beiträgen an Zeitungen und Zeitschriften häufig nur aus den Umständen zu entnehmen, ob der Verfasser Anspruch auf Vergütung hat, und in solchem Falle trifft die Beweislast dafür, daß nach den Umständen des Falles die Ueberlassung des Werkes nur gegen Vergütung zu erwarten war, den Verfasser, welcher eine Vergütung fordert. Die Fassung des Gesetzes entspricht der im

§ 612 Abs. 1 und § 632 Abs. 1 BGB. für den Dienstvertrag und für den Werkvertrag enthaltenen Auslegungsregel (ebenso §§ 653, 689 BGB.). Umstände, welche die Annahme einer stillschweigenden Vereinbarung im Sinne des § 22 Abs. 1 Satz 2 rechtfertigen, liegen beispielsweise vor, wenn bei Einsendung des für eine Zeitung oder für eine Zeitschrift bestimmten Beitrags der Verfasser bemerkt „gegen die bei Ihrem Blatte übliche Vergütung", wenn der Einsender zu den regelmäßigen und bezahlten Mitarbeitern gehört oder wenn er von dem Redakteur um Abfassung und Einsendung des Beitrags ersucht worden ist.

4. Die Bestimmung der ausdrücklich oder stillschweigend vereinbarten, indes nicht der Höhe nach festgesetzten Vergütung ist also nicht dem Ermessen des Verlegers überlassen; vielmehr ist über die Angemessenheit im Streitfalle gerichtliche Entscheidung herbeizuführen.

5. Nach der Begr. (S. 76) soll hiermit jeder Zweifel ausgeschlossen werden, daß der Verleger Mangels einer dahingehenden Abrede seine Verpflichtung zur Zahlung einer Vergütung nicht schon durch Gewährung von Freiexemplaren oder durch ähnliche Leistungen erfüllen kann. Der Anspruch des Verfassers auf angemessene Vergütung in Geld setzt hiernach voraus, daß weder die Höhe, noch die Art der Vergütung im Vertrage bestimmt ist oder daß zwar eine Vergütung in Geld vereinbart, ihre Höhe aber nicht festgesetzt ist.

§. 23.

Die Vergütung ist bei der Ablieferung des Werkes zu entrichten.[1] Ist die Höhe der Vergütung unbestimmt oder hängt sie von dem Umfange der Vervielfältigung, insbesondere von der Zahl der Druckbogen, ab,[2] so wird die Vergütung fällig, sobald das Werk vervielfältigt[3] ist.[4]

1. Da der Verleger mit der Vervielfältigung erst zu beginnen hat, nachdem ihm das vollständige Werk zugegangen ist (§ 15 Abs. 1), so ist der Verfasser, welchem die Ablieferung des Werkes an den Verleger obliegt (§ 10), vorzuleisten verpflichtet. Insoweit aber die Gegenseitigkeit des Verlagsvertrags darauf beruht, daß der Verleger eine Vergütung zu zahlen hat, ist die Möglichkeit einer Erfüllung Zug um Zug, wie sie § 320 Abs. 1 Satz 1 BGB. für den gegenseitigen Vertrag als Regel ausspricht, gegeben. In Uebereinstimmung mit der im § 641 Abs. 1 Satz 1 BGB. für den Werkvertrag enthaltenen Vorschrift geht demzufolge der vorliegende § 23 von dem Grundsatz aus, daß die Vergütung bei der Ablieferung des Werkes und nicht etwa erst nach Beendigung der Vervielfältigung zu entrichten ist. Der Verfasser ist somit berechtigt, die Ablieferung des Werkes bis zur Zahlung der vereinbarten Vergütung zu verweigern, und der Verleger kann die Ablieferung nur fordern, wenn er selbst zur sofortigen Entrichtung der Vergütung bereit ist oder diese anbietet. Die Verpflichtungen des Verfassers sind mit der Ablieferung des Werkes freilich nicht erschöpft. Der Umstand aber, daß die auf § 8 beruhende Verbindlichkeit des Verfassers bis zur Beendigung des Vertragsverhältnisses dauert, berechtigt den Verleger nicht, dem Verfasser die Vergütung bis zum Ablaufe des Vertragsverhältnisses vorzuenthalten.

2. Die beiden in Satz 2 erörterten Fälle haben die gemeinsame Eigenthümlichkeit, daß sie die Ermittelung der dem Verfasser zustehenden Vergütung vor vollständiger Drucklegung des Werkes unmöglich machen oder zum mindesten erheblich erschweren. In solchem Falle ist nach Inhalt der Begr. (S. 76) der Schluß gerechtfertigt, daß nach der Absicht der Parteien die Vergütung erst bei Beendigung der Vervielfältigung gezahlt werden soll. Dies gilt

nicht nur dann, wenn die Höhe der Vergütung nach der Anzahl der Druckbogen oder nach dem sonstigen Umfange der Vervielfältigung bestimmt ist, sondern auch dann, wenn die Vergütung ihrer Höhe nach nicht bestimmt ist. Die Zahl der Druckbogen ergiebt sich erst, nachdem die Vervielfältigung stattgefunden hat, und ist die Höhe der Vergütung überhaupt nicht bestimmt, so läßt sich der angemessene Betrag nur ermitteln, wenn die für die Bemessung der Vergütung in Betracht kommenden näheren Umstände festgestellt sind. Ist die Vergütung nach Druckbogen bestimmt, so sind in den Umfang des Werkes auch Vorwort, Inhaltsverzeichniß und Register einzurechnen; ist aber für den Umfang des Werkes ein Maximum festgesetzt, so steht dem Verfasser für den dieses Maximum überschreitenden Theil des Werkes ein Anspruch auf Vergütung nicht zu.

3. Nach dem Entwurfe trat unter den in Satz 2 behandelten Voraussetzungen die Fälligkeit des Anspruchs erst mit dem Erscheinen des Werkes ein; an die Stelle dieses Zeitpunktes hat die RT.-Kom. die Beendigung der Vervielfältigung gesetzt.

4. Erscheint das Werk in Abtheilungen, so hängt es von den besonderen Umständen des Falles, insbesondere von der erkennbaren Absicht der Parteien ab, ob die Vergütung erst nach Ablieferung, bezw. nach Vervielfältigung des ganzen Werkes oder für jede einzelne Abtheilung besonders zu entrichten ist. Im letzteren Falle finden die Vorschriften des § 23 für jede einzelne Abtheilung entsprechende Anwendung.

§. 24.

Bestimmt sich die Vergütung nach dem Absatze,[1]) so hat der Verleger jährlich[2]) dem Verfasser für das vorangegangene Geschäftsjahr Rechnung zu legen[3]) und ihm, soweit es für die Prüfung erforder-

lich ist, die Einsicht seiner Geschäftsbücher zu gestatten.[4])

1. gleichviel ob der Absatz den alleinigen Maßstab für die zu entrichtende Vergütung bildet oder nicht; § 24 findet somit auch dann Anwendung, wenn die dem Verfasser zu gewährende Vergütung in einem Antheil an dem vom Verleger erzielten Gewinne besteht.

2. d. i. zuerst nach Ablauf eines Jahres seit dem Erscheinen des Werkes, sofern nicht etwa auf Grund der Verkehrssitte alljährlich nach der Ostermesse abgerechnet wird.

3. Die Rechnungslegung besteht in der Mittheilung einer die geordnete Zusammenstellung des Absatzes oder — falls der Verfasser Anspruch auf einen Gewinnantheil hat — der Einnahmen und der Ausgaben enthaltenden Rechnung. Die Vorlegung der Belege (§ 259 Abs. 1 BGB.) erübrigt sich durch den Anspruch des Verfassers auf Einsicht der Geschäftsbücher des Verlegers.

4. Die weitergehenden Rechte, welche nach § 118 HGB. ein von der Geschäftsführung ausgeschlossener Gesellschafter und nach § 166 HGB. der Kommanditist hat, stehen dem Verfasser nicht zu.

§. 25.

Der Verleger eines Werkes der Literatur[1]) ist verpflichtet, dem Verfasser auf je hundert Abzüge ein Freiexemplar,[2]) jedoch im Ganzen nicht weniger als fünf und nicht mehr als fünfzehn[3]) zu liefern. Auch hat er dem Verfasser auf dessen Verlangen ein Exemplar in Aushängebogen[4]) zu überlassen.

Der Verleger eines Werkes der Tonkunst ist verpflichtet, dem Verfasser die übliche Zahl von Freiexemplaren zu liefern.[5])

Von Beiträgen, die in Sammelwerken erscheinen, dürfen Sonderabzüge als Freiexemplare geliefert werden.[6])

1. Vgl. Anm. 2 zu § 1.

2. Die Gewährung von Freiexemplaren an den Verfasser entspricht der im Buch- und Musikalienverlage herrschenden Gepflogenheit. Auf Lieferung von Freiexemplaren hat der Verfasser auch dann Anspruch, wenn eine Vergütung für das Werk weder vereinbart ist, noch als stillschweigend vereinbart gilt.

3. Die Festsetzung der Zahl der Freiexemplare auf eins vom Hundert, unter gleichzeitiger Normirung der Mindestzahl und der Höchstzahl, entspricht dem gemeinschaftlichen Vorschlage der als Sachverständigen gehörten Schriftsteller und Verleger. Erscheint das Werk in Auflagen, so sind die Freiexemplare in der vom Gesetze bestimmten Anzahl von jeder Auflage zu gewähren.

4. Die Aushängebogen werden von der Druckerei dem Verleger und von diesem dem Verfasser überlassen, damit noch vor dem Abschlusse der Drucklegung etwaige Druckfehler oder sonstige Irrthümer berichtigt werden können. Wenn das Gesetz die Pflicht des Verlegers zur Verabfolgung von Aushängebogen an den Verfasser auf den Fall beschränkt, daß der Verfasser die Verabfolgung verlangt, so beruht dies nach der Begr. (S. 77) darauf, daß die rechtzeitige Versendung von Aushängebogen nicht unter allen Umständen, namentlich nicht bei sehr rascher Herstellung von Werken geringen Umfanges, möglich ist. Das Verlangen des Verfassers, daß ihm ein Exemplar in Aushängebogen überlassen werde, ist auch dann zu berücksichtigen, wenn es erst nach dem Abschlusse des Verlagsvertrags erklärt wird.

5. „Bei Werken der Tonkunst steht die Zahl der zu gewährenden Freiexemplare durch allgemeine Uebung fest.

Die Ziffern sind aber je nach der Gattung des Werkes verschieden und lassen sich im Einzelnen gesetzlich nicht feststellen". Begr. S. 77.

6. Daß der Mitarbeiter an einem Sammelwerke, sofern nicht eine abweichende Vereinbarung getroffen ist, nur Freiexemplare von seinem Beitrag und nicht von dem ganzen Werke zu beanspruchen hat, entspricht der bestehenden Uebung.

§. 26.[1])

Der Verleger hat die zu seiner Verfügung stehenden Abzüge des Werkes[2]) zu dem niedrigsten Preise, für welchen er das Werk im Betriebe seines Verlagsgeschäfts abgiebt, dem Verfasser, soweit dieser es verlangt,[4]) zu überlassen.

1. Im § 26 wird wiederum nur eine bereits bestehende Verkehrssitte zu gesetzlicher Geltung erhoben. Von Bedeutung ist die dem Verfasser verliehene Berechtigung namentlich für den Fall, daß er die weitere Verbreitung des Werkes unterdrücken oder alsbald eine neue Auflage veranstalten will.

2. Zur Verfügung des Verlegers stehen nicht nur die Abzüge, welche er selbst auf Lager hat oder welche bei dritten Personen für ihn lagern, sondern auch die von den Sortimentern noch nicht fest abgenommenen Exemplare.

3. Bei Feststellung des niedrigsten Preises, für welchen das Werk vom Verleger abgegeben wird, ist auch der Rabatt und der Skontoabzug, welchen der Verleger gewährt, zu berücksichtigen. Wenn aber der Verleger aus einem besonderen Grunde ein Exemplar ausnahmsweise unter dem üblichen Preise abgegeben hat, so folgt daraus nicht, daß er dem Verfasser die Abzüge zu diesem Ausnahmepreise zu überlassen verpflichtet ist; der Ver-

fasser hat den niedrigsten Preis zu zahlen, zu welchem der Verleger im regelmäßigen Betriebe seines Verlagsgeschäfts das Werk abzugeben pflegt. Wird also das Werk im Auslande billiger abgesetzt als im Inlande, so kann der Verfasser verlangen, daß ihm der Rest der Auflage zum Auslandspreis überlassen werde. Kom.-Ber. S. 34, 35.

4. Hat das Werk mehrere Verfasser, so kann jeder von ihnen das nach § 26 dem Verfasser zustehende Recht geltend machen.

§. 27.

Der Verleger ist verpflichtet, das Werk,[1]) nachdem es vervielfältigt worden ist, zurückzugeben,[2]) sofern der Verfasser sich vor dem Beginne der Vervielfältigung die Rückgabe vorbehalten hat.[3])

1. Im Sinne des § 27 ist als das Werk die Handschrift anzusehen, in welcher sich die Schöpfung des Verfassers verkörpert. Vgl. Anm. 5 zu § 1.

2. Der Verleger, welchem das Werk zum Zwecke der Vervielfältigung abgeliefert wird, erlangt hierdurch zwar den Besitz; dagegen wird ihm das Eigenthum an dem Werke, da es an der nach § 929 BGB. erforderlichen Einigung fehlt, nicht übertragen. Hieraus würde sich die rechtliche Schlußfolgerung ergeben, daß der Verfasser gemäß § 985 BGB. vom Verleger, sobald die Vervielfältigung beendigt ist, die Herausgabe des Werkes verlangen kann, und in der That entspricht die Zurückgabe des Manuskripts, soweit es sich nicht um Beiträge für Sammelwerke handelt, einer weitverbreiteten Uebung. Nur aus Gründen der Zweckmäßigkeit, nämlich weil das Manuskript in der Druckerei häufig zerschnitten oder sonst auseinandergerissen wird, die Zurückgabe in unverändertem Zustande daher ohne Anwendung besonderer Sorgfalt nicht möglich ist, hat das Gesetz die Verpflichtung des

Verlegers zur Zurückgabe des Werkes auf den Fall eingeschränkt, daß der Verfasser sich vor dem Beginne der Vervielfältigung die Rückgabe vorbehalten hat. Wird ein solcher Vorbehalt nicht oder nicht rechtzeitig erklärt, so entspringt aus der Vorschrift des § 27 für den Verleger ein Recht zum Besitze, kraft dessen er die Herausgabe des Manuskripts verweigern kann (§ 986 BGB.). Sollte die Absicht des Gesetzes noch weiter gegangen sein, nämlich dahin, daß der Verleger zur Aufbewahrung des Manuskripts nicht verpflichtet ist, dasselbe vielmehr vernichten kann, so hat diese Absicht in der Fassung des § 27 keinen zutreffenden Ausdruck gefunden.

3. Der Vorbehalt ist dem Verleger gegenüber zu erklären; es genügt jede Erklärung, durch welche der Verfasser zu erkennen giebt, daß er die Rückgabe des Manuskripts wünscht.

§. 28.[1])

Die Rechte des Verlegers[2]) sind übertragbar,[3]) soweit nicht die Uebertragung durch Vereinbarung[4]) zwischen dem Verfasser und dem Verleger ausgeschlossen ist.[5]) Der Verleger kann jedoch durch einen Vertrag,[6]) der nur über einzelne Werke[7]) geschlossen wird, seine Rechte nicht ohne Zustimmung des Verfassers[8]) übertragen. Die Zustimmung kann nur verweigert werden,[9]) wenn ein wichtiger Grund vorliegt.[10]) Fordert der Verleger[11]) den Verfasser zur Erklärung über die Zustimmung auf, so gilt diese als ertheilt, wenn nicht die Verweigerung von dem Verfasser binnen zwei Monaten nach dem Empfange der Aufforderung[12]) dem Verleger gegenüber[13]) erklärt wird.

Die dem Verleger obliegende Vervielfältigung und Verbreitung kann auch durch den Rechtsnachfolger bewirkt werden.[14]) Uebernimmt der Rechtsnachfolger dem Verleger gegenüber[15]) die Verpflichtung, das Werk zu vervielfältigen und zu verbreiten, so haftet er dem Verfasser für die Erfüllung der aus dem Verlagsvertrage sich ergebenden Verbindlichkeiten neben dem Verleger als Gesammtschuldner.[16]) Die Haftung erstreckt sich nicht auf eine bereits begründete Verpflichtung zum Schadensersatze.[17])

1. § 28 behandelt die Frage, ob und unter welchen Voraussetzungen die Rechte des Verlegers aus dem Verlagsvertrag übertragbar sind. Der Entwurf bestimmte im Anschluß an RG. i. Straff. 17 S. 268, daß die Rechte des Verlegers auch ohne Zustimmung des Verfassers übertragbar seien und die dem Verleger obliegende Vervielfältigung und Verbreitung durch den Rechtsnachfolger bewirkt werden könne. Der gegen diese Regelung erhobene Widerspruch fand seinen schroffsten Ausdruck in dem Antrage, die Uebertragung der Rechte des Verlegers schlechthin von der Zustimmung des Verfassers abhängig zu machen und eine im Voraus getroffene gegentheilige Vereinbarung für unwirksam zu erklären. Die für und gegen die Uebertragbarkeit sprechenden Erwägungen sind in der Begr. (S. 77—80) und im Kom.-Ber. (S. 37—43) dargelegt und eingehend gewürdigt. Die schließliche Gestaltung des Gesetzes beruht auf einem Beschlusse der RT.-Kom., deren Mehrheit sich in dem Gedanken zusammenfand, daß „möglichst eine Ausgleichung statthaben müsse". Kom.-Ber. S. 40. Dieses Bestreben hat dazu geführt, daß Abs. 1 Satz 1 die Uebertragbarkeit der Rechte

des Verlegers grundsätzlich ausspricht, Satz 2 aber für die Uebertragung der Rechte mit Bezug auf einzelne Werke die Zustimmung des Verfassers fordert und Satz 3 wiederum das Recht des Verfassers, die Zustimmung zu verweigern, wesentlich einschränkt. Zu erheblicher praktischer Bedeutung werden die in Satz 2—4 enthaltenen Vorschriften kaum gelangen, da die Verleger, wie sie sich bisher die Uebertragbarkeit ihrer Rechte auszubedingen pflegten, so auch in Zukunft das Erforderniß der Zustimmung des Verfassers durch vertragsmäßige Vereinbarung beseitigen werden.

2. Die Uebertragbarkeit der Rechte und Verbindlichkeiten des Verfassers ist im § 28 nicht behandelt. Sofern der Verfasser das Werk erst nach dem Abschlusse des Verlagsvertrags herzustellen hat, kann diese rein persönliche Verbindlichkeit durch einen Dritten nicht erfüllt werden, sodaß — mit der aus § 36 sich ergebenden Modifikation — durch den Tod des Verfassers vor Vollendung des Werkes der Verlagsvertrag erlischt. Soweit es sich aber um die Verpflichtung des Verfassers zur Ablieferung des vollendeten Werkes (§§ 1, 10) und zur Verschaffung des Verlagsrechts (§ 8) handelt, gehen diese Verbindlichkeiten nicht nur als Bestandtheile der Erbschaft auf den Erben des Verfassers über, sondern können auch mit dem Urheberrecht auf den Sondernachfolger (§ 8 Abs. 3 UG.) übertragen werden. Das Gleiche gilt von dem Anspruche des Verfassers auf Vervielfältigung und Verbreitung des Werkes (§ 1 Satz 2), und seinen etwaigen Anspruch auf die ausdrücklich oder stillschweigend vereinbarte Vergütung kann der Verfasser auch ohne das Urheberrecht durch Abtretung auf einen Anderen übertragen.

3. Die Ansprüche des Verlegers richten sich im Wesentlichen auf Ueberlassung des Werkes zur Vervielfältigung und Verbreitung (§ 1 Satz 1) und auf Verschaffung des Verlagsrechts (§ 8). Wie diese Ansprüche

mit dem Tode des Verlegers auf seinen Erben übergehen oder durch Vermächtniß einem Dritten zugewendet werden können, so können sie nach Abs. 1 Satz 1 auch durch Vertrag auf einen Anderen übertragen werden. Der Abtretungsvertrag folgt den Vorschriften der §§ 398 ff. BGB., ist also formlos gültig und als abstrakter Vertrag von dem zu Grunde liegenden Rechtsverhältniß unabhängig. Da es sich um die Uebertragung von Rechten aus einem gegenseitigen Vertrage handelt, so kann der Rechtsnachfolger des Verlegers die ihm übertragenen Rechte nur geltend machen, wenn auch die dem Verleger obliegende Leistung bewirkt wird (§§ 320, 404 BGB.). Die Frage, ob der Rechtsnachfolger diese Leistung, nämlich die Vervielfältigung und Verbreitung des Werkes, bewirken darf, ist in Abs. 2 Satz 1 bejaht. Die Uebertragung ist nicht nur nach beendigter Vervielfältigung, sondern auch vor deren Beginn zulässig; ein Rücktrittsrecht steht dem Verfasser selbst dann nicht zu, wenn die Uebertragung vor der Ablieferung des Werkes erfolgt.

4. Diese Vereinbarung kann im Verlagsvertrag enthalten sein, aber auch nachträglich getroffen werden.

5. Die Vorschrift, daß die Uebertragung der Rechte des Verlegers durch Vereinbarung ausgeschlossen werden kann, steht mit §§ 399, 413 BGB. im Einklange. Soweit eine solche Vereinbarung getroffen ist, zeigt sie ihre Wirksamkeit auch dann, wenn der Verleger das ganze Verlagsgeschäft oder einen sachlich abgegrenzten Theil desselben veräußern will. Verh. d. Reichstags S. 2252 ff. Ist aber über den Verlagsvertrag eine vom Verfasser unterschriebene Urkunde errichtet und die Vereinbarung daß die Uebertragung ausgeschlossen sei, in der Urkunde nicht enthalten, so findet, falls der Verleger unter Vorlegung der Urkunde seine Rechte aus dem Verlagsvertrag einem Anderen überträgt, § 405 BGB. Anwendung.

Die Zwangsvollstreckung in Verlagsrechte, deren Uebertragung vertraglich ausgeschlossen ist, folgt den im § 857 Abs. 3 und 4 CPO. enthaltenen Vorschriften.

6. Nur auf die Uebertragung durch Vertrag, also nicht auf die Uebertragung durch letztwillige Verfügung bezieht sich das Erforderniß der Zustimmung des Verfassers. Auch für die Pfändung des Verlagsrechts an einem einzelnen Werke gilt die der Uebertragbarkeit gezogene Schranke nicht (§ 857 Abs. 3 CPO.); die Veräußerung des gepfändeten Verlagsrechts kann indes nicht ohne Zustimmung des Verfassers von dem Gericht angeordnet werden (§ 857 Abs. 5 CPO.), und wird die Zustimmung verweigert, so kann die Befriedigung des Gläubigers nur durch Anordnung einer Verwaltung (§ 857 Abs. 4 CPO. herbeigeführt werden. Der Konkurs über das Vermögen des Verlegers ergreift mit dem Verlagsgeschäfte die einen Bestandtheil desselben bildenden Verlagsrechte; will aber der Konkursverwalter einzelne zur Konkursmasse gehörige Verlagsrechte veräußern, so bedarf er hierfür der Zustimmung des Verfassers.

7. Den Gegensatz bildet die Veräußerung des ganzen Verlagsgeschäfts oder eines fachlich abgegrenzten Theiles des Verlagsgeschäfts. Sollen bei einer solchen Veräußerung Verlagsrechte als Bestandtheile des Geschäfts oder der Fachabtheilung übertragen werden, so bedarf es hierfür der Zustimmung des Verfassers nicht, weil in diesem Falle überwiegende wirthschaftliche Gründe für die unbeschränkte Uebertragbarkeit der Verlagsrechte sprechen. Ob die Veräußerung nur einzelne Werke oder einen fachlich abgegrenzten Theil des Verlagsgeschäfts zum Gegenstande hat, kann im konkreten Falle zu Zweifeln Anlaß geben. Wenn von einem Verlage für medizinische und naturwissenschaftliche Schriften die medizinische Fachabtheilung abgezweigt wird, so findet Satz 2 offenbar keine Anwendung; das Gleiche

gilt nach dem Kom.=Ber. (S. 42) auch dann, wenn der Verleger nur eine Unterabtheilung seines Geschäfts, z. B. den Verlag anatomischer oder gynäkologischer Werke, aufgeben will und die mit Bezug auf solche Werke erworbenen Verlagsrechte einem Anderen überträgt. Daß aber, wie es im Kom.=Ber. an derselben Stelle heißt, eine Unterabtheilung in diesem Sinne auch dann angenommen werden könne, wenn dieselbe nur noch aus einem einzigen Werke bestehe, erscheint nicht zutreffend; wenngleich im Uebrigen die Zahl der Werke nicht von entscheidendem Gewicht ist, so muß doch angenommen werden, daß auf den über ein einziges Werk geschlossenen Vertrag stets die in Satz 2 enthaltene Vorschrift Anwendung findet.

8. Auf die Zustimmung des Verfassers finden die §§ 182—184 BGB. und, da die rechtsgeschäftliche Zustimmung eine einseitige empfangsbedürftige Willenserklärung ist, die §§ 130—132 BGB. Anwendung. Hat der Verfasser sein Urheberrecht einem Anderen übertragen oder ist dieses Recht auf den Erben des Verfassers übergegangen, so ist der Rechtsnachfolger zur Erklärung über die Zustimmung aufzufordern.

9. Während die Zustimmung sowohl dem Verleger als dem Rechtsnachfolger gegenüber erklärt werden kann (§ 182 Abs. 1 BGB.), ist nach Abs. 1 Satz 4 die Verweigerung der Zustimmung nur wirksam, wenn sie dem Verleger gegenüber erklärt wird.

10. Hiermit soll jede Willkür des Verfassers ausgeschlossen werden. Der Grund für die Verweigerung der Zustimmung kann sowohl in der Person des Erwerbers, wie auch in seinen geschäftlichen Verhältnissen liegen. Verweigert der Verfasser die Zustimmung ohne Angabe von Gründen oder unter Angabe eines Grundes, den der Verleger für stichhaltig nicht erachtet, so kann die gerichtliche Entscheidung über die Rechtmäßigkeit der Weigerung herbeigeführt werden; zur Klage auf Ertheilung

der Zustimmung ist aber nur der Verleger vermöge des durch den Verlagsvertrag begründeten Rechtsverhältnisses legitimirt. Wird der Verfasser verurtheilt, die Zustimmung zu ertheilen, so wird die Erklärung des Verfassers durch das rechtskräftige gerichtliche Urtheil ersetzt (§ 894 Abs. 1 Satz 1 CPO.).

11. Durch eine Aufforderung des Erwerbers wird die in Satz 4 bestimmte Ausschlußfrist nicht in Lauf gesetzt. Der Verleger kann den Verfasser zur Erklärung auffordern, gleichviel ob die Uebertragung unter Vorbehalt der Genehmigung des Verfassers schon erfolgt ist oder nicht; im letzteren Falle ist die Zustimmung bis zur Vornahme der Uebertragung widerruflich (§ 183 BGB.). Die Aufforderung zur Erklärung über die Zustimmung ist — ebenso wie die Zustimmung selbst und deren Verweigerung — formlos wirksam.

12. Die Frist ist die gleiche wie die im § 510 Abs. 2 BGB. für die Ausübung des Vorkaufsrechts bei Grundstücken bestimmte. Die Berechnung der Frist folgt den Vorschriften der §§ 187 Abs. 1, 188 Abs. 2 BGB.

13. Eine dem Erwerber gegenüber erklärte Verweigerung der Zustimmung entbehrt der rechtlichen Wirkung und ist somit nicht geeignet, die an den Ablauf der Frist geknüpfte Rechtsfolge zu beseitigen.

14. Durch die Uebertragung der Rechte aus dem Verlagsvertrage, gleichviel ob sie mit oder ohne Zustimmung des Verfassers erfolgt ist, wird der Verleger von der Verpflichtung, das Werk zu vervielfältigen und zu verbreiten, nicht befreit; soweit aber die Uebertragung statthaft ist, hat der Verfasser zu dulden, daß die nach § 1 Satz 2 dem Verleger obliegende Verbindlichkeit durch dessen Rechtsnachfolger erfüllt wird. Erst soweit der Letztere die Vervielfältigung und Verbreitung nach Maßgabe des Verlagsvertrags und der gesetzlichen Vorschriften bewirkt, tritt vermöge der Befriedigung des

Verfassers die Befreiung des Verlegers von der ihm obliegenden Verbindlichkeit ein.

15. Durch die Uebernahme der Verpflichtung gegenüber dem Verleger wird ein unmittelbarer Anspruch des Verfassers gegen den Rechtsnachfolger nicht begründet; denn als Vertrag zu Gunsten eines Dritten im Sinne der §§ 328 ff. BGB. ist der Kauf oder das sonstige Geschäft, auf Grund dessen die Uebertragung sich vollzieht, nicht anzusehen. Erst auf dem in Abs. 2 Satz 2 bezeichneten Wege werden unmittelbare Rechtsbeziehungen zwischen dem Verfasser und dem Rechtsnachfolger des Verlegers hergestellt; durch die dortige Bestimmung wird aber für den Fall, daß die Verlagsrechte als Bestandtheile eines Verlagsgeschäfts mit diesem veräußert werden und der Erwerber das Geschäft unter der bisherigen Firma fortführt, die Anwendbarkeit der §§ 25, 26 HGB. nicht ausgeschlossen.

16. Der Verfasser kann somit die dem Verleger obliegende Leistung nach seinem Belieben sowohl von diesem, als auch von dem Rechtsnachfolger fordern, und bis die ganze Leistung bewirkt ist, bleiben der Verleger und sein Rechtsnachfolger verpflichtet. Vgl. §§ 421—425 BGB. Der unmittelbare Anspruch des Verfassers gegen den Rechtsnachfolger des Verlegers beschränkt sich aber nicht auf die Vervielfältigung und Verbreitung des Werkes, auch wenn der Rechtsnachfolger dem Verleger gegenüber nur diese Verpflichtung übernommen haben sollte; der Verfasser kann vielmehr sämmtliche Leistungen, welche nach Gesetz oder Vertrag dem Verleger obliegen, von dessen Rechtsnachfolger fordern. Dies gilt insbesondere rücksichtlich der etwaigen Verbindlichkeit, eine Vergütung für die Ueberlassung des Werkes zu entrichten.

17. Auf alle sonstigen Ansprüche des Verfassers erstreckt sich die Haftung des Rechtsnachfolgers, auch wenn diese bereits vor der Uebertragung fällig

waren. Soweit die Haftung des Rechtsnachfolgers dem Verfasser gegenüber besteht, kann sie weder durch den der Uebertragung zu Grunde liegenden Vertrag, noch durch einen bei Uebernahme der Verpflichtung zur Vervielfältigung und Verbreitung dem Verfasser gegenüber erklärten Vorbehalt beseitigt oder beschränkt werden.

§. 29.[1])

Ist der Verlagsvertrag auf eine bestimmte Zahl von Auflagen oder von Abzügen beschränkt,[2]) so endigt das Vertragsverhältniß, wenn die Auflagen oder Abzüge vergriffen sind.[3])

Der Verleger ist verpflichtet, dem Verfasser auf Verlangen Auskunft darüber zu ertheilen, ob die einzelne Auflage oder die bestimmte Zahl von Abzügen vergriffen ist.[4])

Wird der Verlagsvertrag für eine bestimmte Zeit geschlossen,[5]) so ist nach dem Ablaufe der Zeit der Verleger nicht mehr zur Verbreitung der noch vorhandenen Abzüge berechtigt.[6])

1. Das durch den Verlagsvertrag begründete Rechtsverhältniß kann sich sowohl durch den Eintritt des angestrebten Erfolges, als auch durch den Ablauf einer gewissen Zeit erschöpfen. Die auf diesen beiden Wegen eintretende Beendigung des Vertragsverhältnisses wird im § 29 Abs. 1 und 3 behandelt, während in §§ 30 ff. die besonderen Fälle geregelt werden, in welchen entweder für den Verleger oder für den Verfasser ein Rücktrittsrecht vorgesehen ist.

2. Den Gegensatz bilden die Fälle, in welchen der Verlagsvertrag eine Beschränkung auf eine bestimmte Zahl von Auflagen oder von Abzügen nicht vorsieht.

Hier endigt, falls nicht etwa der in Abs. 3 behandelte Fall vorliegt, das Vertragsverhältniß erst mit dem Zeitpunkt, in welchem das Urheberrecht erlischt, es sei denn, daß aus dem Inhalte des Verlagsvertrags oder aus den besonderen Umständen des Falles die Absicht der Betheiligten entnommen werden darf, das Vertragsverhältniß auch über diesen Zeitpunkt hinaus fortdauern zu lassen. Begr. S. 80.

3. Hiermit ist der durch den Vertrag angestrebte Erfolg herbeigeführt. Als vergriffen sind die Auflagen oder Abzüge dann anzusehen, wenn sämmtliche Exemplare vom Verleger abgesetzt worden sind. Durch die Unverkäuflichkeit des Werkes wird eine Lösung des Rechtsverhältnisses nicht herbeigeführt; die Verbindlichkeiten des Verfassers und des Verlegers bleiben vielmehr bestehen, auch wenn die auf Verbreitung des Werkes gerichtete Thätigkeit des Verlegers zeitweise oder andauernd gänzlich erfolglos ist; in solchem Falle endigt das Rechtsverhältniß erst mit dem Erlöschen des Urheberrechts.

4. Mit der Beendigung des Vertragsverhältnisses wird das Urheberrecht des Verfassers von den Beschränkungen frei, welchen es während der Dauer des Vertragsverhältnisses nach § 2 unterliegt. Der Verfasser hat daher ein erhebliches Interesse, festzustellen, ob die Auflagen oder die Abzüge, auf welche der Verlagsvertrag beschränkt war, vergriffen sind. Hierauf gründet sich die in Abs. 2 enthaltene Vorschrift, welche sinngemäß dahin verstanden werden darf, daß der Verleger, soweit er dies zu übersehen im Stande ist, auch darüber Auskunft zu ertheilen hat, welchen Umfang der Absatz der einzelnen Auflagen oder der Abzüge erreicht hat.

5. In solchem Falle kann der Verleger während des fraglichen Zeitraums Auflagen und Abzüge in beliebiger Zahl herstellen. Denkbar ist allerdings, daß das Verlagsrecht sowohl in Bezug auf die Zahl der Abzüge, als auch hinsichtlich des Zeitraums einer

Schranke unterworfen ist; alsdann endigt das Vertragsverhältniß, wenn entweder die Abzüge vergriffen sind oder die Zeit abgelaufen ist.

6. Diese Anordnung bezweckt den Schutz des Verfassers, welcher nach dem Ablaufe der vertragsmäßigen Zeit an der anderweitigen Verwertung seines Werkes nicht gehindert werden soll. Hat der Verleger mehr Abzüge herstellen lassen, als er während der Dauer seines Verlagsrechts zu veräußern vermag, so bleiben die bei Beendigung des Vertragsverhältnisses noch vorhandenen Abzüge zwar sein Eigenthum; die Verwertung des Eigenthums durch Verbreitung der Abzüge würde aber nicht nur im Sinne des § 135 BGB. gegen ein gesetzliches Veräußerungsverbot verstoßen, sondern im Falle der gewerbsmäßigen Verbreitung auch eine Rechtsverletzung im Sinne der §§ 36, 38 Ziff. 1 UG. in sich schließen.

§. 30.[1]

Wird das Werk ganz oder zum Theil[2]) nicht rechtzeitig[3]) abgeliefert, so kann der Verleger, statt den Anspruch auf Erfüllung[4]) geltend zu machen, dem Verfasser eine angemessene Frist zur Ablieferung mit der Erklärung bestimmen,[5]) daß er die Annahme der Leistung nach dem Ablaufe der Frist ablehne.[6]) Zeigt sich schon vor dem Zeitpunkt, in welchem das Werk nach dem Vertrag[7]) abzuliefern ist, daß das Werk nicht rechtzeitig abgeliefert werden wird,[8]) so kann der Verleger die Frist sofort bestimmen; die Frist muß so bemessen werden, daß sie nicht vor dem bezeichneten Zeitpunkt abläuft.[9]) Nach dem Ablaufe der Frist ist der Verleger berechtigt, von dem Vertrage zurückzutreten,[10]) wenn nicht das Werk rechtzeitig[11]) abgeliefert worden ist; der Anspruch auf Ablieferung des Werkes ist ausgeschlossen.[12])

Der Bestimmung einer Frist bedarf es nicht,[13]) wenn die rechtzeitige Herstellung des Werkes unmöglich ist oder von dem Verfasser verweigert wird[14]) oder wenn der sofortige Rücktritt von dem Vertrage durch ein besonderes Interesse des Verlegers[15]) gerechtfertigt wird.

Der Rücktritt ist ausgeschlossen, wenn die nicht rechtzeitige Ablieferung des Werkes für den Verleger nur einen unerheblichen Nachtheil mit sich bringt.[16])

Durch diese Vorschriften werden die im Falle des Verzugs des Verfassers[17]) dem Verleger zustehenden Rechte nicht berührt.[18])

1. Durch § 30 werden die Rechte des Verlegers für den Fall geregelt, daß der Verfasser das Werk nicht rechtzeitig abliefert. Nach §§ 325, 326 BGB. würde in solchem Falle der Verleger nur dann berechtigt sein, statt der Geltendmachung des Anspruchs auf Lieferung Schadensersatz wegen Nichterfüllung zu verlangen oder vom Vertrage zurückzutreten, wenn dem Verfasser ein Verschulden zur Last fiele. Die Rechtslage erfordert indes die Gewährung des Rücktrittsrechts auch dann, wenn die rechtzeitige Ablieferung in Folge eines vom Verfasser nicht zu vertretenden Umstandes unterbleibt. Auf dieser Erwägung beruht die Gestaltung des § 30, dessen einzelne Vorschriften den für den Werkvertrag geltenden §§ 633—636 BGB. nachgebildet sind.

2. Der Verleger braucht mit der Vervielfältigung erst zu beginnen, wenn ihm das vollständige Werk

zugegangen ist (§ 15); die Geltendmachung der nach § 30 dem Verleger zustehenden Rechte wird jedoch dadurch nicht ausgeschlossen, daß nach Ablieferung eines Theiles des Werkes mit der Vervielfältigung bereits begonnen ist. Erscheint das Werk in Abtheilungen, so ist § 30 selbst dann anwendbar, wenn bereits eine oder mehrere Abtheilungen erschienen sind.

3. d. i. innerhalb der durch den Verlagsvertrag bestimmten oder aus § 11 sich ergebenden Frist.

4. Der Anspruch auf Erfüllung verbleibt dem Verleger, wenn und solange er nicht vorzieht, auf dem durch § 30 bezeichneten Wege die Auflösung des Vertrags herbeizuführen. Die Verwirklichung des Anspruchs auf Erfüllung wird allerdings, so lange das Werk nicht vollendet ist, an der Unmöglichkeit scheitern, die Herstellung des Werkes im Wege der Zwangsvollstreckung zu erzwingen.

5. Die Bestimmung der Frist ist, wie im Falle des § 17, einseitige, empfangsbedürftige Willenserklärung im Sinne der §§ 130—132 BGB. Vgl. Anm. 3 zu § 17.

6. Die bloße Gewährung einer weiteren Frist behufs Ablieferung des Werkes reicht somit nicht aus, um den Rücktritt vom Vertrage vorzubereiten; vielmehr muß die Fristsetzung in dem Sinne erfolgen, daß der Verleger nach dem Ablaufe der Frist die Annahme der dem Verfasser obliegenden Leistung ablehnt, und dieser Wille muß bei Setzung der Frist zum Ausdrucke gelangen.

7. Aus der Fassung könnte entnommen werden, daß Satz 2 nur Anwendung finden soll, wenn die Frist der Ablieferung im Verlagsvertrage bestimmt ist; diese Auslegung würde indes der offenbaren Absicht des Gesetzes zuwiderlaufen. Auch bei dem in Satz 2 behandelten Falle ist es gleichgültig, ob die Frist vertragsmäßig vereinbart oder aus der gesetzlichen Vorschrift des § 11 zu entnehmen ist.

8. Diese Voraussetzung wird namentlich dann gegeben sein, wenn der Verfasser mit der Bearbeitung soweit im Rückstande ist, daß die rechtzeitige Vollendung des Werkes ausgeschlossen erscheint.

9. Vgl. § 634 Abs. 1 Satz 2 BGB.

10. Ueber die Erklärung des Rücktritts und die Nothwendigkeit dieser Erklärung gilt das in Anm. 5 zu § 17 Gesagte. Durch die Vollziehung des Rücktritts wird der Verlagsvertrag in seinen Wirkungen aufgehoben; hinsichtlich der Zurückgewährung der bereits empfangenen Leistungen sind die in §§ 346—348 BGB. enthaltenen Vorschriften mit den aus §§ 37, 38 sich ergebenden Abweichungen anzuwenden.

11. d. h. bis zum Ablaufe der vom Verleger gesetzten angemessenen Frist.

12. Der Anspruch des Verlegers auf Ablieferung des Werkes erlischt bereits mit dem Ablaufe der gesetzten Frist, auch wenn der Rücktritt vom Vertrage noch nicht erfolgt ist. Dagegen ist der Verfasser auch nach Ablauf der Frist zur Ablieferung des Werkes an den Verleger berechtigt, der letztere also zur Vervielfältigung und Verbreitung des abgelieferten Werkes verpflichtet, wenn und solange der Rücktritt vom Vertrage seitens des Verlegers nicht erklärt ist.

13. Abs. 2 ist dem § 634 Abs. 2 BGB. nachgebildet. Fällt die Nothwendigkeit der Fristbestimmung fort, so kann der Verleger den Rücktritt sofort erklären, und zwar in den beiden ersten Fällen noch vor Ablauf der vertraglichen oder gesetzlichen Frist, im letzten Falle dagegen erst, wenn das Werk ganz oder zum Theil nicht rechtzeitig abgeliefert worden ist. Daß eine derjenigen Voraussetzungen vorliegt, unter welchen die Fristbestimmung nicht erforderlich ist, hat der Verfasser, welcher nach Abs. 2 verfährt, zu beweisen.

14. Als eine Weigerung im Sinne der obigen Be-

stimmung ist nur eine solche anzusehen, welche vom Verfasser dem Verleger gegenüber erklärt worden ist.

15. Unter dem besonderen Interesse des Verlegers ist nur das Interesse an der rechtzeitigen Ablieferung des Werkes zu verstehen; sonstige Interessen des Verlegers vermögen den sofortigen Rücktritt vom Vertrage nicht zu begründen. Kom.-Ber. S. 45.

16. Vgl. § 684 Abs. 3 BGB. Der Beweis, daß die Verzögerung für den Verleger nur einen unerheblichen Nachtheil herbeiführt, liegt dem Verfasser ob, welcher die Zulässigkeit des Rücktritts bestreitet. Die Vorschrift in Abs. 3 bezieht sich auf die sämmtlichen in Abs. 1 und 2 behandelten Fälle, ist also anwendbar, gleichviel ob zur Ausübung des Rücktrittsrechts eine Fristbestimmung erforderlich sein würde oder nicht.

17. Die Voraussetzungen, unter welchen der Verfasser in Verzug kommt, ergeben sich aus §§ 284, 285 BGB.; der Umfang der Vertretungspflicht des Verfassers wird durch §§ 275, 276, 278 BGB. bestimmt.

18. Die Gestaltung, welche das dem Verleger zustehende Rücktrittsrecht im § 30 gefunden hat, ist eine eigenthümliche, weil die gesammten in Abs. 1—3 enthaltenen Vorschriften zur Anwendung kommen, gleichviel ob der Verfasser sich in Verzug befindet oder ob die Ablieferung in Folge eines von ihm nicht zu vertretenden Umstandes unterblieben ist. Erst in Abs. 4 wird in Anlehnung an § 636 Abs. 1 Satz 2 BGB. der Fall des Verzugs berücksichtigt, und zwar dahin, daß die nach allgemeinen Rechtsgrundsätzen beim Verzuge des Schuldners dem Gläubiger zustehenden Rechte (vgl. §§ 286, 287 BGB.) unbeschadet der in Abs. 1—3 enthaltenen Vorschriften auch dem Verleger gegen den Verfasser zustehen. Insbesondere ist hiernach der mit der Ablieferung des Werkes in Verzug befindliche Verfasser dem Verleger, auch wenn dieser vom Vertrage zurückgetreten

ist, zum Schadensersatze verpflichtet, und zwar in dem aus §§ 251, 252 BGB. sich ergebenden Umfange.

§. 31.

Die Vorschriften des §. 30 finden entsprechende Anwendung, wenn das Werk nicht von vertragsmäßiger Beschaffenheit ist.[1][2]

Beruht der Mangel auf einem Umstande, den der Verfasser zu vertreten hat,[3] so kann der Verleger statt des im §. 30 vorgesehenen Rücktrittsrechts den Anspruch auf Schadensersatz wegen Nichterfüllung geltend machen.[4]

1. Der Ausdruck „vertragsmäßige Beschaffenheit" bezieht sich nach der im Kom.-Ber. (S. 45) niedergelegten Anschauung der RT.-Kom. und der Regierungsvertreter nur insoweit auf den Inhalt des Werkes, als dessen plangemäße Abfassung darunter begriffen ist, wogegen das Werk im Uebrigen seines Inhalts wegen von dem Verleger nur beanstandet werden kann, wenn über Inhalt und Eigenschaften besondere Vereinbarungen getroffen sind. Eine Schranke findet diese Auffassung jedoch in der Vorschrift des § 242 BGB. An eine geistige Schöpfung kann freilich nicht der Maßstab gelegt werden, nach welchem in §§ 459 ff. BGB. die Gewährleistungspflicht des Verkäufers wegen Mängel der Sache geregelt ist; wenn aber die Leistung des Verfassers nicht einmal den geringsten Ansprüchen gerecht wird, welche nach Treu und Glauben mit Rücksicht auf die Verkehrssitte an ein Werk des im Verlagsvertrage bezeichneten Inhalts gestellt werden müssen, so darf dem Verleger die Ausübung der Befugnisse, welche sich aus der entsprechenden Anwendung des § 30 ergeben, nicht versagt werden.

2. Die entsprechende Anwendung des § 30 gestaltet sich folgendermaßen:

Ist das vom Verfasser abgelieferte Werk nicht von vertragsmäßiger Beschaffenheit, so kann der Verleger dem Verfasser eine angemessene Frist zur Herstellung vertragsmäßiger Beschaffenheit mit der Erklärung bestimmen, daß er die Annahme der Leistung nach dem Ablaufe der Frist ablehne. Zeigt sich der Mangel vertragsmäßiger Beschaffenheit schon vor der Ablieferung des Werkes, so kann der Verleger die Frist sofort bestimmen; die Frist muß so bemessen werden, daß sie nicht vor der für die Ablieferung bestimmten Frist abläuft. Nach dem Ablaufe der Frist ist der Verleger berechtigt, von dem Vertrage zurückzutreten, wenn nicht das Werk in vertragsmäßiger Beschaffenheit rechtzeitig abgeliefert worden ist; der Anspruch auf Herstellung vertragsmäßiger Beschaffenheit ist ausgeschlossen.

Der Bestimmung einer Frist bedarf es nicht, wenn die Herstellung vertragsmäßiger Beschaffenheit unmöglich ist oder von dem Verfasser verweigert wird oder wenn der sofortige Rücktritt von dem Vertrage durch ein besonderes Interesse des Verlegers gerechtfertigt wird.

Der Rücktritt ist ausgeschlossen, wenn der Mangel der vertragsmäßigen Beschaffenheit für den Verleger nur einen unerheblichen Nachtheil mit sich bringt.

3. Vgl. §§ 275, 276, 278 BGB.

4. Abs. 2 entspricht dem § 635 BGB. Die Beweislast dafür, daß der Mangel auf einem von ihm nicht zu vertretenden Umstande beruht, trifft nach § 282 BGB. den Verfasser. Der Anspruch auf Schadensersatz wegen Nichterfüllung tritt an die Stelle des Rücktrittsrechts; seine Geltendmachung setzt aber, ebenso wie der Rücktritt vom Vertrage, voraus, daß, falls nicht § 30 Abs. 2 entsprechend anwendbar ist, die Bestimmung

einer Frist zur Herstellung vertragsmäßiger Beschaffenheit des Werkes vorangegangen ist.

§. 32.[1])

Wird das Werk nicht vertragsmäßig vervielfältigt oder verbreitet,[2]) so finden zu Gunsten des Verfassers die Vorschriften des §. 30[3]) entsprechende Anwendung.[4])

1. Durch die besonderen Vorschriften des § 32 wird der aus der Verbindlichkeit des Verlegers zu vertragsmäßiger Vervielfältigung und Verbreitung sich ergebende Anspruch des Verfassers auf Erfüllung nicht ausgeschlossen. Der Verfasser kann diesen Anspruch, wie in der Begr. (S. 81) zutreffend ausgeführt wird, im Wege der Klage verfolgen und, wenn er eine rechtskräftige Verurtheilung des Verlegers erzielt hat, behufs Durchführung seines Anspruchs die Zwangsvollstreckung betreiben oder gemäß §§ 283, 325 BGB. sei es Schadensersatz wegen Nichterfüllung verlangen, sei es von dem Vertrage zurücktreten; im Falle des Verzugs des Verlegers ist die Geltendmachung dieser letzteren Rechte nach §§ 326, 327 BGB. auch ohne vorgängige gerichtliche Verfolgung des Anspruchs auf Erfüllung zulässig. Die Rechtslage des Verfassers erheischt indes einen weitergehenden Schutz; wie nach §§ 30, 31 bei nicht rechtzeitiger Ablieferung oder bei nicht vertragsmäßiger Beschaffenheit des Werkes der Verleger zum Rücktritte vom Vertrage berechtigt ist, obgleich der Verfasser sich nicht im Verzuge befindet oder den Mangel der vertragsmäßigen Beschaffenheit nicht verschuldet, so muß auch der Verfasser in der Lage sein, das Vertragsverhältniß zu lösen, wenngleich das Unterbleiben der vertragsmäßigen Vervielfältigung und Verbreitung nicht auf einem vom Verleger zu vertretenden

Umstande beruht. Diese Befugniß des Verfassers ergiebt sich aus der im § 32 zu seinen Gunsten vorgeschriebenen entsprechenden Anwendung des § 30.

2. gleichviel ob die Vervielfältigung und Verbreitung überhaupt unterlassen wird oder nicht in vertragsmäßiger Weise stattfindet.

3. Die entsprechende Anwendung des § 30 gestaltet sich folgendermaßen:

> Wird das Werk nicht vertragsmäßig vervielfältigt oder verbreitet, so kann der Verfasser, statt den Anspruch auf Erfüllung geltend zu machen, dem Verleger eine angemessene Frist zur vertragsmäßigen Vervielfältigung oder Verbreitung mit der Erklärung bestimmen, daß er die Annahme der Leistung nach dem Ablaufe der Frist ablehne. Zeigt sich schon vor dem Zeitpunkt, in welchem die vertragsmäßige Vervielfältigung oder Verbreitung zu bewirken ist, daß dieselbe unterbleiben werde, so kann der Verfasser die Frist sofort bestimmen; die Frist muß so bemessen werden, daß sie nicht vor dem bezeichneten Zeitpunkt abläuft. Nach dem Ablaufe der Frist ist der Verfasser berechtigt, von dem Vertrage zurückzutreten, wenn nicht das Werk rechtzeitig in vertragsmäßiger Weise vervielfältigt oder verbreitet worden ist; der Anspruch auf diese Vervielfältigung oder Verbreitung ist ausgeschlossen.
>
> Der Bestimmung einer Frist bedarf es nicht, wenn die vertragsmäßige Vervielfältigung oder Verbreitung unmöglich ist oder von dem Verleger verweigert wird oder wenn der sofortige Rücktritt vom Vertrage durch ein besonderes Interesse des Verfassers gerechtfertigt wird.
>
> Der Rücktritt ist ausgeschlossen, wenn die nicht vertragsmäßige Vervielfältigung oder Verbreitung für den Verfasser nur einen unerheblichen Nachtheil mit sich bringt.

Durch diese Vorschriften werden die im Falle des Verzugs des Verlegers dem Verfasser zustehenden Rechte nicht berührt.

4. Die Vorschrift des § 32 findet auch mit Bezug auf eine neue Auflage, zu deren Veranstaltung der Verleger sich verpflichtet hat, Anwendung. Begr. S. 81. Daß hier der Vertrag im Zweifel insoweit aufrecht erhalten bleibt, als er sich auf die älteren Auflagen erstreckt, ergiebt § 38 Abs. 2.

§. 33.[1])

Geht das Werk[2]) nach der Ablieferung an den Verleger[3]) durch Zufall[4]) unter,[5]) so behält der Verfasser den Anspruch auf die Vergütung.[6]) Im Uebrigen werden beide Theile von der Verpflichtung zur Leistung frei.[7])

Auf Verlangen des Verlegers hat jedoch der Verfasser gegen eine angemessene Vergütung[8]) ein anderes im Wesentlichen übereinstimmendes Werk zu liefern, sofern dies auf Grund vorhandener Vorarbeiten oder sonstiger Unterlagen mit geringer Mühe geschehen kann;[9]) erbietet sich der Verfasser, ein solches Werk innerhalb einer angemessenen Frist kostenfrei[10]) zu liefern, so ist der Verleger verpflichtet, das Werk an Stelle des untergegangenen zu vervielfältigen und zu verbreiten. Jeder Theil kann diese Rechte auch geltend machen, wenn das Werk nach der Ablieferung in Folge eines Umstandes untergegangen ist, den der andere Theil zu vertreten hat.[11])

Der Ablieferung steht es gleich, wenn der Verleger in Verzug der Annahme kommt.[12])

1. § 33 behandelt nur den Fall, daß das Werk nach der Ablieferung untergeht; beim Untergange des Werkes vor der Ablieferung an den Verleger kommen die allgemeinen Grundsätze zur Anwendung. Soweit im letzteren Falle der Untergang eine Unmöglichkeit der Erfüllung herbeiführt — und dies wird in der Regel dann anzunehmen sein, wenn der Verlagsvertrag über ein bereits vollendetes Werk geschlossen ist —, bestimmen sich die Rechte des Verlegers nach §§ 275—282 und §§ 323—325, 327 BGB.; wird dagegen nur die rechtzeitige Ablieferung des Werkes verhindert, so kann der Verleger die im § 30 vorgesehenen Rechte geltend machen.

2. d. i. die Niederschrift, in welcher sich die geistige Schöpfung des Verfassers verkörpert. Vgl. Anm. 5 zu § 1.

3. Vgl. Anm. 1 zu § 9.

4. Ist der Untergang auf einen vom Verleger zu vertretenden Umstand zurückzuführen, so behält der Verfasser nicht nur den Anspruch auf die Vergütung, sondern kann auch den durch das Verschulden des Verlegers begründeten Anspruch auf Schadensersatz geltend machen. §§ 324, 325 BGB.

5. Als untergegangen ist das Werk nicht nur dann anzusehen, wenn die stoffliche Unterlage der Schrift vernichtet ist, sondern auch dann, wenn die auf dieser Unterlage angebrachten Schriftzeichen beseitigt oder unkenntlich geworden sind. Auf den theilweisen Verlust des Manuskripts ist § 33 nur dann anwendbar, wenn das noch verbliebene Bruchstück als solches zur Veröffentlichung nicht geeignet ist. Vgl. RG. i. Civils. 20 S. 96.

6. Mit der Ablieferung des Werkes geht die Gefahr — entsprechend der nach § 644 Abs. 1 Satz 1 BGB. für den Werkvertrag geltenden Vorschrift — auf den Verleger

über, und daher geht, gleichviel ob die Vergütung nach § 23 bereits bei der Ablieferung zu entrichten war oder nicht, der Verfasser des Anspruchs auf die Vergütung nicht verlustig. Dieser Anspruch wird allerdings gegenstandslos, wenn die Vergütung sich nach dem Absatz oder nach dem vom Verleger zu erzielenden Gewinne bestimmen sollte.

7. Die Pflicht des Verlegers zur Vervielfältigung und Verbreitung wird dadurch beseitigt, daß ihre Erfüllung unmöglich geworden ist, und daraus folgt wiederum, daß der Verleger auch den Anspruch auf die nach § 2 dem Verfasser obliegende Gegenleistung verliert (vgl. § 323 Abs. 1 BGB.).

8. Der Betrag dieser Vergütung ist nach dem Umfange der Mühewaltung zu bemessen, welche behufs Herstellung des neuen Werkes aufzuwenden ist.

9. Hierbei ist vorzugsweise an den Fall gedacht, daß der Verfasser noch ein zweites Exemplar des untergegangenen Werkes oder umfangreiche und vollständige Vorarbeiten besitzt, aus denen er mit geringer Mühe das Werk neu herstellen kann. Kom.-Ber. S. 46. Läßt sich das Werk nur durch eine erhebliche geistige Mühewaltung wiederherstellen, so kann der Verleger die Lieferung eines neuen Werkes nicht verlangen.

10. Will der Verfasser durch Lieferung eines neuen Werkes den Vertrag aufrecht erhalten, so hat er auf Vergütung für das neue Werk keinen Anspruch. Erfolgt dessen Ablieferung nicht innerhalb angemessener Frist, so ist der Verleger befugt, die ihm nach § 30 zustehenden Rechte geltend zu machen.

11. Die in Abs. 2 Satz 1 enthaltenen Vorschriften schließen sich an den in Abs. 1 behandelten Fall an, daß das Werk nach der Ablieferung durch Zufall untergeht, finden also grundsätzlich keine Anwendung, wenn der Untergang auf ein Verschulden des Verlegers oder des Verfassers zurückzuführen ist. In Satz 2

wird jedoch auch der letztere Fall berücksichtigt, und zwar dahin, daß derjenige Theil, welchen die Verantwortung für den Untergang des Werkes *nicht* trifft, die *Aufrechterhaltung des Verlagsvertrags* nach Maßgabe der in Satz 1 enthaltenen Vorschriften verlangen darf.

12. Die Gleichstellung des Annahmeverzugs auf Seiten des Verlegers mit der thatsächlich erfolgten Ablieferung entspricht der für den Werkvertrag geltenden Vorschrift des § 644 Abs. 1 Satz 2 BGB. Da der Verleger, soweit es sich um die Ablieferung des Werkes handelt, dem Verfasser als *Gläubiger* gegenübersteht, so kommt es für die Frage des Verzugs nicht darauf an, ob der Nichtannahme der angebotenen Leistung ein *Verschulden des Verlegers* zu Grunde liegt oder nicht. Im Uebrigen bestimmen sich die Voraussetzungen des Verzugs nach den allgemeinen Vorschriften der §§ 293 ff. BGB.

§. 34.[1]

Stirbt der Verfasser vor der Vollendung des Werkes,[2] so ist, wenn ein Theil des Werkes[3] dem Verleger bereits abgeliefert[4] worden war, der Verleger berechtigt,[5] in Ansehung des gelieferten Theiles den Vertrag durch eine dem Erben des Verfassers gegenüber abzugebende Erklärung[6] aufrechtzuerhalten.[7]

Der Erbe kann dem Verleger zur Ausübung des im Abs. 1 bezeichneten Rechtes eine angemessene Frist bestimmen.[8] Das Recht erlischt, wenn sich der Verleger nicht vor dem Ablaufe der Frist für die Aufrechterhaltung des Vertrags erklärt.[9]

Diese Vorschriften finden entsprechende Anwen-

dung, wenn die Vollendung des Werkes in Folge eines sonstigen nicht von dem Verfasser zu vertretenden Umstandes unmöglich wird.[10])

1. Die Herstellung des Werkes ist *eine dem Verfasser in Person obliegende Leistung*. Somit tritt, wenn das Werk erst nach dem Abschlusse des Verlagsvertrags hergestellt werden soll, durch den Tod des Verfassers vor Vollendung des Werkes eine *Unmöglichkeit der Leistung* ein, kraft deren die Erben des Verfassers auch den Anspruch auf die Gegenleistung verlieren. § 323 Abs. 1 BGB. Demgegenüber enthält § 34 eine besondere Regelung für den Fall, daß der Verfasser stirbt, nachdem er *einen Theil des Werkes* dem Verleger bereits abgeliefert hat.

2. Grundsätzlich erlischt der Verlagsvertrag durch den vorzeitigen Tod des Verfassers, gleichviel bis zu welchem Punkte die Bearbeitung vorgeschritten ist. Ist aber das Werk bereits *vollendet*, so ist es von dem Erben des Verfassers an den Verleger abzuliefern, und dieser ist verpflichtet, den Verlagsvertrag nach Maßgabe des § 1 durch Vervielfältigung und Verbreitung des Werkes zu erfüllen.

3. d. i. *ein in sich abgeschlossener, druckreifer Theil*. Hat der Verfasser dem Verleger nur Vorarbeiten oder Entwürfe ausgehändigt, so findet § 36 keine Anwendung.

4. Ist ein Theil des Werkes vom Verfasser zwar fertig gestellt, aber an den Verleger *nicht abgeliefert* worden, so kann der Verleger die Ablieferung dieses Theiles behufs Aufrechterhaltung des Vertrags *nicht* fordern.

5. Dem Verleger ist lediglich eine *Befugniß* eingeräumt, deren Ausübung von seinem Ermessen abhängt. Nach der Begr. (S. 83) beruht § 34 auf der Erwägung, daß das Recht des Verlegers, in Ansehung des ge-

lieferten Theiles an dem Vertrage festzuhalten, dem muthmaßlichen Willen der Parteien entspreche und daß in solchem Falle die Veröffentlichung des unvollendeten Werkes dem Ansehen des Verfassers nicht zu nahe trete.

6. Ist der Erbe dem Verleger unbekannt, so darf, vorausgesetzt, daß die Unkenntniß nicht auf Fahrlässigkeit beruht, die Zustellung der Erklärung des Verlegers an den Erben gemäß § 132 Abs. 2 BGB. erfolgen.

7. Will der Verleger den Verlagsvertrag nicht gänzlich erlöschen lassen, so steht ihm eine andere als die durch § 34 Abs. 1 gewährte Berechtigung nicht zu. Das Werk durch einen Anderen vollenden zu lassen und die Fortsetzung als Bestandtheil eines und desselben Werkes mit dem Namen des ursprünglichen Verfassers zu veröffentlichen ist er nicht befugt. Begr. S. 83.

8. Vgl. Anm. 3 zu § 17. Die Erklärung, daß die Annahme der Leistung nach dem Ablaufe der Frist abgelehnt werde, ist mit der Fristsetzung nicht zu verbinden, da es sich nur um ein Recht des Verlegers, nicht um eine ihm obliegende Leistung handelt. Hat der Verfasser einen Testamentsvollstrecker ernannt, welchem die in §§ 2203—2206 BGB. bestimmten Rechte zustehen, so kann nur der Testamentsvollstrecker dem Verleger gegenüber die Frist bestimmen.

9. Der Wortlaut des § 34 Abs. 2 Satz 2 läßt es zweifelhaft erscheinen, ob die Erklärung des Verlegers im Sinne der §§ 130—132 BGB. empfangsbedürftig ist. Erlischt das Recht des Verlegers durch Fristablauf oder durch seine Erklärung, er wolle den Vertrag nicht aufrecht erhalten, so ist das Manuskript dem Erben des Verfassers zurückzugeben.

10. Abs. 3 findet insbesondere dann Anwendung, wenn nach Ablieferung eines Theiles des Werkes durch dauernde körperliche oder geistige Erkrankung des Verfassers die Unmöglichkeit der Vollendung des Werkes herbeigeführt wird.

§. 35.[1])

Bis zum Beginne der Vervielfältigung[2]) ist der Verfasser berechtigt, von dem Verlagsvertrage zurückzutreten,[3]) wenn sich Umstände ergeben, die bei dem Abschlusse des Vertrags nicht vorauszusehen waren[4]) und den Verfasser bei Kenntniß der Sachlage und verständiger Würdigung des Falles[5]) von der Herausgabe des Werkes[6]) zurückgehalten haben würden.[7]) Ist der Verleger befugt, eine neue Auflage zu veranstalten,[8]) so findet für die Auflage diese Vorschrift entsprechende Anwendung.[9])

Erklärt der Verfasser auf Grund der Vorschrift des Abs. 1 den Rücktritt,[10]) so ist er dem Verleger zum Ersatze der von diesem gemachten Aufwendungen[11]) verpflichtet. Giebt er innerhalb eines Jahres seit dem Rücktritte[12]) das Werk anderweit heraus,[13]) so ist er zum Schadensersatze wegen Nichterfüllung[14]) verpflichtet; diese Ersatzpflicht tritt nicht ein, wenn der Verfasser dem Verleger den Antrag, den Vertrag nachträglich zur Ausführung zu bringen, gemacht und der Verleger den Antrag nicht angenommen hat.[15])

1. Dem im § 18 dem Verleger eingeräumten Kündigungsrecht entspricht das im § 35 geregelte Recht des Verfassers, wegen veränderter Umstände vom Verlagsvertrage zurückzutreten. Gegenüber der Vorschrift des § 1005 ALR. 1, 11, inhalts welcher der Verfasser nach eigenem Ermessen von der Herausgabe des Werkes Abstand nehmen konnte, ist das Rücktrittsrecht von sachlichen Voraussetzungen ab-

hängig gemacht, deren Vorhandensein im Streitfalle der Verfasser zu erweisen hat.

2. Der Rücktritt wegen Veränderung der Umstände, unter denen der Verfasser den Verlagsvertrag abgeschlossen hat, ist ausgeschlossen, sobald die Vervielfältigung begonnen hat, mag auch erst ein Theil des Werkes vom Verfasser abgeliefert sein.

3. Ueber die Erklärung des Rücktritts vgl. Anm. 5 zu § 17.

4. Vorauszusehen sind nur diejenigen Umstände, deren Eintritt der Verfasser füglich gewärtigen durfte und daher bei Abschluß des Vertrags berücksichtigen mußte. Mit entfernten Möglichkeiten braucht der Verfasser nicht zu rechnen, und daher ist der Rücktritt nicht ausgeschlossen, wenn der Verfasser den eingetretenen Umstand nur als möglich hätte voraussehen können.

5. Vgl. § 119 Abs. 1 BGB.

6. Umstände, welche in der Person des Verlegers eintreten und den Verfasser nicht von der Herausgabe des Werkes überhaupt, sondern nur von dem Abschlusse des Vertrags gerade mit diesem Verleger zurückgehalten haben würden, kommen für das Rücktrittsrecht nicht in Betracht; dem Verfasser ist also der Rücktritt versagt, wenn der Verleger nach Abschluß des Vertrags eine entehrende Strafe erleidet oder in Vermögensverfall geräth.

7. Solche Umstände sind z. B. Verminderung der Arbeitskraft, Wechsel in den für die Gestaltung des Werkes maßgebenden Anschauungen des Verfassers, Aenderung der äußeren Verhältnisse, welche die Vollendung des Werkes erheblich erschwert, neue Erfindungen auf technischem Gebiete, durch welche das bereits vollendete Werk überholt wird.

8. Diese Befugniß hat der Verleger nur dann, wenn ihm vertragsmäßig das Recht zur Veranstaltung mehrerer Auflagen eingeräumt ist (§ 5 Abs. 1).

9. Die entsprechende Berechtigung des Verlegers geht weiter (§ 17 Abs. 1).

10. Durch rechtmäßigen Rücktritt wird das Vertragsverhältniß beendigt; der Verleger ist somit verpflichtet, das Manuskript dem Verfasser zurückzugeben, und wenn er des Rücktritts ungeachtet das Werk vervielfältigt, so begründet dieses Verhalten den Thatbestand einer Rechtsverletzung im Sinne der §§ 36, 38 Ziff. 1 UG.

11. Nur die zum Zwecke der Ausführung des Vertrags gemachten Aufwendungen kommen in Frage.

12. d. i., seitdem er dem Verleger gegenüber den Rücktritt erklärt hat; ebenso § 1007 ALR. I, 11.

13. Diese Voraussetzung trifft nur zu, wenn das Werk innerhalb eines Jahres seit dem Rücktritt anderweit erscheint.

14. Den Umfang der Schadensersatzpflicht ergiebt § 252 BGB. Durch die dem Verfasser auferlegte Verbindlichkeit soll nach der Begr. (S. 85) einem Mißbrauche des Rücktrittsrechts vorgebeugt werden.

15. Der Verpflichtung des Verfassers, Schadensersatz zu leisten, ist eine zeitliche Grenze gesetzt, weil die Umstände, auf Grund deren der Rücktritt erklärt worden ist, wiederum eine Veränderung erfahren können. Dem Ablaufe der vom Gesetze bestimmten Frist steht indes die Weigerung des Verlegers, auf Grund der nachträglichen Bereitschaft des Verfassers den Vertrag zur Ausführung zu bringen, gleich, und diese Weigerung wird darin gefunden, daß der Verleger den ihm vom Verfasser gemachten Antrag nicht, d. h. nicht innerhalb der aus §§ 147 ff. BGB. sich ergebenden Frist, annimmt.

§. 36.[1])

Wird über das Vermögen des Verlegers der Konkurs eröffnet, so finden die Vorschriften des

§. 17 der Konkursordnung[2]) auch dann Anwendung,[3]) wenn das Werk bereits vor der Eröffnung des Verfahrens abgeliefert worden war.[4])

Besteht der Konkursverwalter auf der Erfüllung des Vertrags, so tritt, wenn er die Rechte des Verlegers auf einen Anderen überträgt,[5]) dieser an Stelle der Konkursmasse in die sich aus dem Vertragsverhältniß ergebenden Verpflichtungen ein.[6]) Die Konkursmasse haftet jedoch, wenn der Erwerber die Verpflichtung nicht erfüllt, für den von dem Erwerber zu ersetzenden Schaden[7]) wie ein Bürge, der auf die Einrede der Vorausklage verzichtet hat.[8]) Wird das Konkursverfahren aufgehoben,[9]) so sind die aus dieser Haftung sich ergebenden Ansprüche des Verfassers gegen die Masse sicher zu stellen.[10])

War zur Zeit der Eröffnung des Verfahrens mit der Vervielfältigung noch nicht begonnen,[11]) so kann der Verfasser von dem Vertrage zurücktreten.[12])[13])

1. § 36 behandelt die Gestaltung des Verlagsverhältnisses im Konkurse des Verlegers. Einer besonderen Regelung für den Fall, daß über das Vermögen des Verfassers der Konkurs eröffnet wird, bedarf es nicht. Hat der Verfasser zur Zeit der Eröffnung des Konkurses über sein Vermögen aus einem Verlagsvertrage Honorar zu fordern, so gehört diese Forderung nach § 1 KO. zur Konkursmasse; steht dem Verleger zur Zeit der Eröffnung des Verfahrens ein Anspruch auf Schadensersatz wegen Nichterfüllung zu, so kann er diesen Anspruch als Konkursforderung geltend machen. Dagegen

berührt der Anspruch des Verlegers auf Herstellung des Werkes die Konkursmasse **nicht**, da es sich um eine rein persönliche Leistung des Verfassers handelt; in Folge dessen finden im Konkurs über das Vermögen **des Verfassers** die Vorschriften der §§ 17 ff. KO. auf die Erfüllung des Verlagsvertrags keine Anwendung.

2. § 17 KO. lautet:

Wenn ein zweiseitiger Vertrag zur Zeit der Eröffnung des Konkursverfahrens von dem Gemeinschuldner und von dem anderen Theile nicht oder nicht vollständig erfüllt ist, so kann der Konkursverwalter an Stelle des Gemeinschuldners den Vertrag erfüllen und die Erfüllung von dem anderen Theile verlangen.

Der Verwalter muss auf Erfordern des anderen Theils, auch wenn die Erfüllungszeit noch nicht eingetreten ist, demselben ohne Verzug erklären, ob er die Erfüllung verlangen will. Unterlässt er dies, so kann er auf der Erfüllung nicht bestehen.

3. Das durch § 17 KO. gewährte Wahlrecht steht **nur dem Konkursverwalter** zu; die Entscheidung des Konkursverwalters, daß er den Verlagsvertrag nicht erfüllen wolle, wirkt aber gegen den Gemeinschuldner, sodaß dieser **auch für seine Person** Erfüllung nicht fordern kann. Vgl. Jur. Wochenschrift 1892 S. 371 Nr. 8; RG. i. Civils. 31 S. 133. Die Erklärung des Konkursverwalters, daß er die Erfüllung des Verlagsvertrags **nicht** verlange, führt zwar die **Beendigung des Vertragsverhältnisses** im Sinne des § 9 Abs. 1 herbei, so daß auch das bereits entstandene Verlagsrecht des Gemeinschuldners erlischt; dagegen wohnt der Erklärung des Konkursverwalters nicht etwa die Bedeutung eines **Rücktritts vom Vertrage** bei, und somit tritt eine Aufhebung des Vertragsverhältnisses **für die Vergangenheit** nicht ein; der Verfasser ist daher

nicht verpflichtet, eine empfangene Vergütung zurückzugewähren, und nach § 26 KO. kann er sogar einen Entschädigungsanspruch wegen der Nichterfüllung als Konkursgläubiger geltend machen. Vgl. RG. i. Civils. 17 S. 80; 26 S. 94. Verlangt der Konkursverwalter Erfüllung (über das Erforderniß der Genehmigung des Gläubigerausschusses |vgl. § 133 Ziff. 2 und § 136 KO.), so sind die dem Verfasser aus dem Verlagsvertrage zustehenden Ansprüche Masseschulden im Sinne des § 59 Ziff. 2 KO.; die Rechte der Konkursmasse erstrecken sich in diesem Falle nicht nur auf die bereits veranstalteten, sondern auch auf die weiteren Auflagen, soweit diese Gegenstand des Verlagsvertrags sind.

4. Hat zur Zeit der Eröffnung des Verfahrens ein Theil bereits vollständig erfüllt, so ist § 17 KO. nicht anwendbar. Die Verpflichtungen des Verfassers werden aber durch die Ablieferung des Werkes an den Verleger nicht erschöpft; vielmehr hat der Verfasser auch nach der Ablieferung die aus § 2 Abs. 1 und aus § 8 sich ergebenden Verbindlichkeiten zu erfüllen. Dieser Rechtslage entspricht die Vorschrift des § 36 Abs. 1, indem sie den § 17 KO. für anwendbar erklärt, gleichviel ob vor der Eröffnung des Konkurses das Werk bereits abgeliefert ist oder nicht. Hieraus ergiebt sich weiter, daß das Wahlrecht des § 17 KO. dem Konkursverwalter sogar noch dann zusteht, wenn die Vervielfältigung bereits beendigt ist und die Verbreitung des Werkes begonnen hat; denn die außer der Ablieferung des Werkes dem Verfasser obliegenden Verpflichtungen erlöschen — ebenso wie die Verbindlichkeit des Verlegers zur Verbreitung — erst mit der Beendigung des Vertragsverhältnisses.

5. Die Vorschrift des Entwurfes, daß der Konkursverwalter, sofern er auf Erfüllung des Vertrags bestehe, das Verlagsrecht auch dann veräußern dürfe, wenn diese

Befugniß dem Gemeinschuldner versagt sei, hat die Zustimmung der RT.-Kom. nicht gefunden. Die Anwendung des § 36 Abs. 2 setzt vielmehr voraus, daß die Rechte des Verlegers entweder nach Inhalt des Verlagsvertrags oder nach § 28 Abs. 1 übertragbar sind, und sofern der Vertrag eine gegentheilige Bestimmung nicht enthält, kann der Konkursverwalter — ebenso wie vor Eröffnung des Verfahrens der Gemeinschuldner — durch einen nur über einzelne Werke geschlossenen Vertrag Verlagsrechte, die zur Konkursmasse gehören, nicht ohne Zustimmung des Verfassers auf einen Anderen übertragen. Der Gefahr, daß der Konkursverwalter die Verlagsrechte nicht veräußern kann, sondern sie bis zur Beendigung der sämmtlichen Vertragsverhältnisse durch Fortsetzung des Verlagsgeschäfts auszunutzen gezwungen ist, wird durch die im § 28 Abs. 1 Satz 3 enthaltene Vorschrift, inhalts deren der Verfasser die Zustimmung zur Veräußerung nur aus einem wichtigen Grunde verweigern darf, vorgebeugt.

6. Die Uebertragung der Rechte des Verlegers führt somit kraft gesetzlicher Vorschrift eine Sondernachfolge in die Schuld herbei, welche durch Vereinbarung zwischen dem Konkursverwalter und dem Erwerber weder beseitigt, noch beschränkt werden kann. Hierin liegt eine bedeutsame Abweichung von derjenigen Veräußerung des Verlagsrechts, welche sich außerhalb des Konkursverfahrens vollzieht. Der Eintritt des Erwerbers in das Schuldverhältniß hat zur Folge, daß der Verfasser die Erfüllung der Verpflichtungen, welche nach Gesetz oder Vertrag bis zur Eröffnung des Verfahrens dem Gemeinschuldner oblagen und durch Ausübung des Wahlrechts seitens des Konkursverwalters auf die Konkursmasse übergegangen sind, nunmehr von dem Erwerber fordern darf (vgl. §§ 414, 415 BGB.).

7. Durch die Sondernachfolge scheidet der bisherige Schuldner aus dem Schuldverhältniß aus. Zu Gunsten

des Verfassers wird von dieser Regel in Abs. 1 Satz 2 eine Ausnahme gemacht, freilich nur in Ansehung des Schadens, welchen der Erwerber bei Nichterfüllung der ihm erwachsenen Verpflichtungen zu ersetzen hat; wenn also der Verfasser Erfüllung fordert oder einen anderen Anspruch als diesen nicht geltend machen kann, haftet nicht die Konkursmasse, sondern ausschließlich der Erwerber. Soweit die Konkursmasse für den vom Erwerber zu ersetzenden Schaden haftet, liegt eine Masseschuld vor.

8. Vgl. §§ 771, 778 Ziff. 1 BGB. Soweit die Konkursmasse den Verfasser wegen des ihm zu ersetzenden Schadens befriedigt, findet § 774 Abs. 1 BGB. Anwendung.

9. Der Aufhebung (§§ 116, 163 ff. KO.) steht die Einstellung des Konkursverfahrens (§§ 202 ff. KO.) gleich.

10. Die Sicherstellung erfolgt nach Maßgabe der §§ 108 ff. CPO.

11. Das Rücktrittsrecht, welches Abs. 3 dem Verfasser einräumt, ist eine Erweiterung der im § 35 Abs. 1 enthaltenen Bestimmung. Die Billigkeitsgründe, denen dieses Rücktrittsrecht seine Entstehung verdankt, treten hinter den Interessen des Verlegers und seiner Gläubiger erst dann zurück, wenn zur Zeit der Konkurseröffnung die Vervielfältigung des Werkes bereits begonnen hat, und daher ist die Befugniß des Verfassers, den Rücktritt vom Verlagsvertrage zu erklären, auf den Fall beschränkt, daß bei Eröffnung des Verfahrens entweder das Werk noch nicht abgeliefert ist oder die Vervielfältigung des abgelieferten Werkes noch nicht begonnen hat. Ist mit der Vervielfältigung begonnen worden, obwohl erst ein Theil des Manuskripts abgeliefert ist, so ist der Rücktritt des Verfassers ausgeschlossen.

12. Soweit nach Abs. 3 ein Rücktrittsrecht des Verfassers besteht, geht dasselbe der Befugniß des Konkurs-

verwalters, die Erfüllung des Verlagsvertrags zu fordern, vor; die in Abs. 1 und 2 enthaltenen Vorschriften finden also nur dann Anwendung, wenn der Verfasser von dem ihm zustehenden Rücktrittsrechte keinen Gebrauch macht. Da auf das Rücktrittsrecht nach § 37 die in §§ 346—356 BGB. enthaltenen Vorschriften entsprechende Anwendung finden, so kann der Verfasser auf dem im § 355 BGB. bezeichneten Wege genöthigt werden, sich darüber zu erklären, ob er von dem Vertrage zurücktreten wolle oder nicht. Wenn statt dessen der Verfasser von dem Konkursverwalter eine Erklärung gemäß § 17 Abs. 2 KO. fordert, so giebt der Verfasser zu erkennen, daß er von dem ihm zustehenden Rücktrittsrechte keinen Gebrauch machen will.

13. Die Folgen, welche sich aus dem Rücktritte des Verfassers ergeben, sind in §§ 37, 38 geregelt.

§. 37.[1])

Auf das in den §§. 17, 30, 35, 36, bestimmte Rücktrittsrecht[2]) finden die für das vertragsmäßige Rücktrittsrecht geltenden Vorschriften der §§. 346 bis 356 des Bürgerlichen Gesetzbuchs entsprechende Anwendung.[3]) Erfolgt der Rücktritt wegen eines Umstandes, den der andere Theil nicht zu vertreten hat,[4]) so haftet dieser nur nach den Vorschriften über die Herausgabe einer ungerechtfertigten Bereicherung.[5])

1. § 37 wiederholt lediglich die für das gesetzliche Rücktrittsrecht bei gegenseitigen Verträgen im § 327 BGB. enthaltene Vorschrift. Die Wiederholung war geboten, weil die Voraussetzungen, unter denen der Rücktritt vom Verlagsvertrag erfolgen kann,

nicht den §§ 325, 326 BGB. entsprechen, sondern selbstständig gestaltet sind.

2. Während die Kündigung den Vertrag nur für die Zukunft aufhebt, erlischt vermöge des Rücktritts das durch den Vertrag begründete Schuldverhältniß auch für die Vergangenheit. Für den Rücktritt vom Verlagsvertrag ist dieser Grundsatz allerdings nicht streng durchgeführt; denn nach § 38 kann trotz des Rücktritts der Vertrag in gewissem Umfang aufrecht erhalten werden.

3. Die Aufhebung des Schuldverhältnisses für die Vergangenheit hat zur Folge, daß die Betheiligten einander auch die Leistungen zurückzugewähren verpflichtet sind, welche sie bereits empfangen haben (§ 346 BGB.); den näheren Inhalt und Umfang dieser Verpflichtung bestimmen §§ 347, 348 BGB., während § 349 BGB. für den Rücktritt eine dem anderen Theile gegenüber abzugebende Erklärung fordert. Die Fälle, in welchen der Rücktritt ausgeschlossen ist oder unwirksam wird, sind in §§ 351—354 BGB. behandelt; zu erheblicher praktischer Bedeutung werden die hier getroffenen Bestimmungen beim Verlagsvertrage kaum gelangen; immerhin ist hervorzuheben, daß beispielsweise der gemäß § 35 erfolgte Rücktritt des Verfassers unwirksam wird, wenn der Verfasser mit der Rückgewähr der bereits empfangenen Vergütung in Verzug kommt und auch innerhalb der ihm vom Verleger bestimmten angemessenen Frist die Vergütung nicht zurückgewährt. Nach § 355 BGB. kann dem rücktrittsberechtigten Verfasser oder Verleger von dem anderen Theile eine Frist für die Ausübung des Rücktrittsrechts bestimmt werden, und aus § 356 BGB. ergiebt sich, daß, wenn bei einem Verlagsvertrage mehrere Verfasser oder mehrere Verleger betheiligt sind, das Rücktrittsrecht nur von allen und gegen alle Berechtigte ausgeübt werden kann; dies gilt auch dann, wenn sich nur in der Person eines von mehreren Verfassern Umstände ergeben, die ihn gemäß

§ 35 berechtigen würden, vom Verlagsvertrage zurückzutreten.

4. Erfolgt der Rücktritt gemäß § 30 oder § 36, so hängt es von den besonderen Umständen des Falles ab, ob der Rücktritt auf einen *Verzug* oder auf ein sonstiges *Verschulden* des anderen Theiles zurückzuführen ist; dagegen bildet in den Fällen der §§ 17 und 35 regelmäßig *ein von dem anderen Theile nicht zu vertretender Umstand* die Ursache des Rücktritts.

5. Vgl. § 818 BGB. Die Herausgabepflicht ist in diesem Falle ausgeschlossen, soweit der Empfänger *nicht mehr bereichert* ist (§ 818 Abs. 3 BGB.), und wenn *Geld* zurückzugewähren ist, sind Zinsen erst *von dem Eintritte der Rechtshängigkeit* an zu entrichten (§ 818 Abs. 4 in Verbindung mit § 291 BGB.).

§. 38.

Wird der Rücktritt von dem Verlagsvertrag erklärt, nachdem das Werk ganz oder zum Theil abgeliefert worden ist,[1]) so hängt es von den Umständen ab, ob der Vertrag theilweise aufrecht erhalten bleibt.[2]) Es begründet keinen Unterschied, ob der Rücktritt auf Grund des Gesetzes oder eines Vorbehalts im Vertrag[3]) erfolgt.

Im Zweifel bleibt der Vertrag insoweit aufrechterhalten, als er sich auf die nicht mehr zur Verfügung des Verlegers stehenden Abzüge, auf frühere Abtheilungen des Werkes oder auf ältere Auflagen erstreckt.[4])

Soweit der Vertrag aufrecht erhalten bleibt, kann der Verfasser einen entsprechenden Theil der Vergütung verlangen.[5])

Diese Vorschriften finden auch Anwendung, wenn der Vertrag in anderer Weise rückgängig wird.[6])

1. Der aus § 346 BGB. zu entnehmende Grundsatz, daß durch den Rücktritt vom Vertrage das Schuldverhältniß auch für die Vergangenheit erlischt (vgl. Anm. 2 zu § 37), kommt hiernach nur dann unbedingt zur Anwendung, wenn die Ablieferung des Werkes oder eines Theiles desselben an den Verleger zur Zeit der Rücktrittserklärung noch nicht erfolgt ist. Ist das Werk schon ganz oder zum Theil abgeliefert, so liegt es häufig nicht in der Absicht der Parteien, den Vertrag und das, was auf Grund desselben vorgenommen ist, auch für die Vergangenheit rückgängig zu machen. Begr. S. 86.

2. Eine bindende Vorschrift darüber, ob und in welchem Umfange der Vertrag trotz des Rücktritts aufrecht zu erhalten ist, hat das Gesetz — von der in Abs. 2 aufgestellten Vermuthung abgesehen — nicht erlassen; im Streitfalle liegt daher die auf Grund der besonderen Umstände des einzelnen Falles zu treffende Entscheidung dem Gericht ob.

3. Die Gleichstellung des auf Grund gesetzlicher Vorschrift erfolgenden Rücktritts mit dem Rücktritt auf Grund vertragsmäßigen Vorbehalts entspricht dem § 37.

4. Die in Abs. 2 aufgestellte Vermuthung ist namentlich im Falle des § 17 von Bedeutung. Tritt der Verfasser vom Vertrage zurück, weil der Verleger eine neue Auflage nicht veranstalten will, so erstreckt sich der Rücktritt nicht auf die älteren Auflagen, gleichviel in welchem Umfange diese abgesetzt sind. In diesem Falle nähert sich der Rücktritt einer Kündigung, welche den Vertrag nur für die Zukunft aufhebt (vgl. Anm. 2 zu § 37). Ebenso erstrecken sich die Wirkungen des Rücktritts,

gleichviel aus welchem Grunde dieser erfolgt, im Zweifel weder auf die bereits erschienenen Abtheilungen des Werkes, noch auf die vom Verleger fest abgesetzten Abzüge.

5. Insoweit der Verfasser mehr erhalten hat, als er hiernach zu beanspruchen hat, ist er nach § 39 zur Zurückgewährung der empfangenen Leistungen verpflichtet.

6. z. B. durch Unmöglichkeit der Erfüllung (§§ 275, 279 BGB.), durch den Eintritt einer dem Verlagsvertrage hinzugefügten auflösenden Bedingung (§ 158 Abs. 2 BGB.), durch Erlaßvertrag (§ 397 BGB.) oder durch Rücktritt auf Grund des § 39 Abs. 2.

§. 39.

Soll Gegenstand des Vertrags ein Werk sein, an dem ein Urheberrecht nicht besteht,[1][2] so ist der Verfasser zur Verschaffung des Verlagsrechts nicht verpflichtet.[3]

Verschweigt der Verfasser arglistig, daß das Werk bereits anderweit in Verlag gegeben oder veröffentlicht worden ist,[4] so finden die Vorschriften des bürgerlichen Rechtes, welche für die dem Verkäufer wegen eines Mangels im Rechte obliegende Gewährleistungspflicht gelten,[5] entsprechende Anwendung.[6]

Der Verfasser hat sich der Vervielfältigung und Verbreitung des Werkes gemäß den Vorschriften des §. 2 in gleicher Weise zu enthalten, wie wenn an dem Werke ein Urheberrecht bestände.[7] Diese Beschränkung fällt weg, wenn seit der Veröffent-

lichung des Werkes durch den Verleger sechs Monate abgelaufen sind.[8])

1. In §§ 39, 40 werden die Rechte und Pflichten des Verfassers und des Verlegers für den Fall geregelt, daß nach der Absicht der Betheiligten, insbesondere auch des Verlegers, ein dem Urheberrecht nicht unterliegendes Werk in Verlag gegeben wird. Darüber, daß im Uebrigen durch den Mangel des Urheberrechts auf Seiten des Verfassers weder die Wirksamkeit des Verlagsvertrags berührt, noch die Verpflichtung des Verfassers zur Verschaffung des Verlagsrechts beseitigt wird, vgl. Anm. 2 zu § 8.

2. Ob ein Urheberrecht an dem Werke niemals bestanden hat oder ob die Schutzfrist bereits abgelaufen ist, kommt für die Anwendung des § 39 nicht in Betracht.

3. Wenn der Verfasser nicht verpflichtet ist, dem Verleger das ausschließliche Recht zur Vervielfältigung und Verbreitung zu verschaffen, so ist nach der Natur der Sache der Verleger weder berechtigt, die ihm obliegende Leistung bis zur Verschaffung des Verlagsrechts zu verweigern (§ 320 BGB.), noch auch, weil die Verschaffung des Verlagsrechts unmöglich ist, Schadensersatz wegen Nichterfüllung zu fordern oder vom Vertrage zurückzutreten.

4. Das Gesetz hat zwar davon Abstand genommen, den Verfasser dafür haftbar zu machen, daß das Werk nicht bereits anderweit in Verlag gegeben oder veröffentlicht worden ist; wenn aber der Verfasser von dem Abschluß eines anderweitigen Verlagsvertrags über das Werk oder von dessen anderweitiger Veröffentlichung unterrichtet ist, so darf er diese für die Entschließung des Verlegers erhebliche Thatsache nicht verschweigen, wenn er sich nicht dem Vorwurfe der Arglist aussetzen will.

5. Vgl. §§ 440, 442 BGB. Nach den dort in Bezug genommenen Vorschriften der §§ 320—327 BGB. ist der Verleger nicht nur befugt, die ihm obliegende Leistung zu verweigern (§ 320 BGB.), sondern auch Schadensersatz wegen Nichterfüllung zu fordern oder vom Vertrage zurückzutreten (§§ 325, 326 BGB.).

6. War dem Verfasser nicht bekannt, daß das Werk bereits anderweit in Verlag gegeben oder veröffentlicht worden ist, so bleibt der Verlagsvertrag in Kraft; die Vorschrift des § 18 ist auf diesen Fall nicht anwendbar.

7. Nach § 2 hat sich der Verfasser während der Dauer des Vertragsverhältnisses der Vervielfältigung und Verbreitung nur insoweit zu enthalten, als diese einem Dritten während der Dauer des Urheberrechts untersagt ist. Hiernach würde im Falle des § 39 Abs. 1 der Verfasser — ebenso wie jeder Dritte — zur anderweitigen Vervielfältigung und Verbreitung des in Verlag gegebenen Werkes befugt sein. Dieses Recht wird ihm durch Abs. 3 Satz 1 entzogen, weil es im Sinne des Vertrags liegt, „daß der Verfasser nicht mit dem Verleger bezüglich des Werkes in einen gegen Treu und Glauben verstoßenden Wettbewerb tritt". Begr. S. 87. Handelt der Verfasser dem in Abs. 3 Satz 1 enthaltenen Gebote zuwider, so liegt zwar keine Rechtsverletzung im Sinne der §§ 36 ff. UG., wohl aber eine zum Schadensersatze verpflichtende unerlaubte Handlung vor.

8. Die Verpflichtung des Verfassers, sich der Vervielfältigung und Verbreitung des Werkes zu enthalten, ist auf den in Abs. 3 Satz 2 bestimmten Zeitraum beschränkt, weil es im Hinblick auf die jedem Dritten erwachsende Möglichkeit, alsbald nach der Veröffentlichung des Werkes einen weiteren Abdruck vorzunehmen, „zur Wahrung der Interessen des Verlegers vollständig genügt, wenn dem Verfasser eine anderweitige Vervielfältigung und Verbreitung

7*

des Werkes nur bis zur Veröffentlichung und noch kurze Zeit nachher untersagt wird." Begr. S. 87.

§. 40.

Im Falle des §. 39 verbleibt dem Verleger die Befugniß, das von ihm veröffentlichte Werk gleich jedem Dritten von neuem unverändert oder mit Aenderungen zu vervielfältigen.[1]) Diese Vorschrift findet keine Anwendung, wenn nach dem Vertrage die Herstellung neuer Auflagen oder weiterer Abzüge von der Zahlung einer besonderen Vergütung abhängig ist.[2])

1. Die berechtigten Interessen des Verfassers, welcher ein nicht schutzberechtigtes Werk in Verlag gegeben hat, sind gewahrt, wenn der Verleger die Vervielfältigung und Verbreitung gemäß § 14 bewirkt und die etwa vereinbarte Vergütung zahlt. Ist das Werk vertragsmäßig veröffentlicht worden, so ist der Verleger, wie jeder Dritte, befugt, weitere Abzüge herstellen zu lassen oder weitere Auflagen zu veranstalten, und für die nicht auf Grund des Verlagsvertrags hergestellten Abzüge oder Auflagen fällt die im § 13 den Rechten des Verlegers gezogene Schranke fort.

2. Die nach § 40 Satz 1 dem Verleger zustehende Befugniß kann durch den Verlagsvertrag aufgehoben oder beschränkt werden; sie ist im Falle des § 40 Satz 2 in vollem Umfang als ausgeschlossen zu erachten. Der Verleger, welcher bei Veranstaltung neuer Auflagen dem Verfasser eine besondere Vergütung zu gewähren hat, ist somit nicht befugt, das Werk anderweitig in veränderter Form herauszugeben.

§. 41.[1])

Werden für eine Zeitung, eine Zeitschrift oder ein sonstiges periodisches Sammelwerk[2]) Beiträge zur Veröffentlichung angenommen,[3]) so finden die Vorschriften dieses Gesetzes Anwendung,[4]) soweit sich nicht aus den §§ 42 bis 46 ein Anderes ergiebt.[5])

1. Die §§ 41—46 enthalten Sondervorschriften über Beiträge, welche für Zeitungen, Zeitschriften oder sonstige periodische Sammelwerke angenommen werden. Der Annahme eines solchen Beitrags kann ein Verlagsvertrag zu Grunde liegen, welcher für den Verleger die Verpflichtung zur Veröffentlichung des Beitrags, für den Verfasser die aus §§ 2 und 8 sich ergebenden Verbindlichkeiten begründet. Will dagegen der Verfasser nur die Erlaubniß zur Veröffentlichung gewähren, so daß weder der Verleger ein ausschließliches Recht erlangen, noch der Verfasser an der anderweitigen Vervielfältigung und Verbreitung gehindert werden soll, so liegt ein Verlagsvertrag im Sinne des § 1 nicht vor, und wenn in den §§ 41—46 auch dieses Rechtsverhältniß geregelt wird, so greift das Gesetz hiermit über den aus seiner Ueberschrift sich ergebenden Rahmen hinaus.

2. gleichviel ob die einzelnen Nummern, Blätter, Hefte oder Abtheilungen in gleichen oder ungleichen Abschnitten erscheinen. Periodische Sammelwerke, wie Kalender, Taschenbücher u. dergl., erscheinen häufig in ein- oder mehrjährigen Zeitabschnitten.

3. Bei Zeitungen und Zeitschriften erfolgt die Annahme meist durch den Herausgeber oder Redakteur. Inwieweit durch dessen Willenserklärung der Verleger verpflichtet wird, richtet sich nach Inhalt und Umfang

der dem Herausgeber oder Redakteur vom Verleger ertheilten Vertretungsmacht.

4. also auch dann, wenn der Annahme des Beitrags ein Verlagsvertrag im Sinne des § 1 nicht zu Grunde liegt. Zu den Vorschriften, welche bei Annahme von Beiträgen für Zeitungen, Zeitschriften oder sonstige periodische Sammelwerke Anwendung finden, gehören auch §§ 22 und 23, da die §§ 42—46 eine anderweitige Regelung der Honorarfrage nicht enthalten.

5. Durch die in §§ 42—46 enthaltenen Sondervorschriften wird die Anwendung der sonstigen Normen des Gesetzes mit Bezug auf die Annahme von Beiträgen der im § 41 bezeichneten Art eingeschränkt, und zwar enthält § 42 eine Abweichung von §§ 2, 3, während § 43 die Vorschriften der §§ 5—7 und 20 modifizirt. § 44 erweitert die Rechte des Verlegers gegenüber der entsprechenden Vorschrift des § 13; § 45 gewährt dem Verfasser ein eigenthümliches Kündigungsrecht, und § 46 enthält Abweichungen von §§ 25, 26.

§. 42.

Sofern nicht aus den Umständen zu entnehmen ist,[1][2]) daß der Verleger das ausschließliche Recht zur Vervielfältigung und Verbreitung erhalten soll, verbleibt dem Verfasser die anderweitige Verfügung über den Beitrag.[3])

Ueber einen Beitrag, für welchen der Verleger das ausschließliche Recht zur Vervielfältigung und Verbreitung erhalten hat,[4]) darf der Verfasser anderweit verfügen, wenn seit dem Ablaufe des Kalenderjahrs, in welchem der Beitrag erschienen ist, ein Jahr verstrichen ist.[5]) Ist der Beitrag für

eine Zeitung geliefert, so steht diese Befugniß dem Verfasser alsbald nach dem Erscheinen zu.[6])

1. Die bloße Einsendung des Beitrags an eine Zeitung, eine Zeitschrift oder ein sonstiges periodisches Sammelwerk begründet somit nicht die Annahme, daß dem Verleger das ausschließliche Recht übertragen werde oder daß der Verfasser sich einer anderen Beschränkung seines Urheberrechts unterwerfen wolle als derjenigen, welche in der Erlaubniß zur Veröffentlichung des Beitrags zu finden ist. Dies gilt nicht nur für vermischte Nachrichten thatsächlichen Inhalts und Tagesneuigkeiten, welche nach § 18 Abs. 3 UG. aus Zeitungen und Zeitschriften stets abgedruckt werden dürfen, sondern auch für Ausarbeitungen wissenschaftlichen, technischen oder unterhaltenden Inhalts, deren anderweitiger Abdruck ohne Einwilligung des Berechtigten nach § 18 Abs. 2 UG. unzulässig ist.

2. Die vom Gesetz aufgestellte Vermuthung für das freie Verfügungsrecht des Verfassers über die angenommenen Beiträge wird nur dadurch ausgeschlossen, daß die gegentheilige Absicht der Betheiligten aus den Umständen zu entnehmen ist. Diese Umstände sind vom Verleger, welcher das ausschließliche Recht zur Vervielfältigung und Verbreitung für sich in Anspruch nimmt, zu erweisen. Wenn es für Beiträge gewisser Art der allgemeinen Verkehrssitte entspricht, daß mit der Ueberlassung an ein periodisches Sammelwerk ein ausschließliches Recht übertragen wird, oder wenn eine Zeitschrift in ihren bekannt gegebenen Bedingungen vorgesehen hat, daß sie für die ihr überlassenen Beiträge ein ausschließliches Recht in Anspruch nehme, so wird ohne Weiteres angenommen werden dürfen, daß dem Verfasser die anderweitige Verfügung über den Beitrag nicht verbleibt.

3. Die anderweitige Verfügung besteht häufig darin, daß der Beitrag gleichzeitig auch anderen Zeitungen oder Zeitschriften zur Veröffentlichung überlassen wird.

4. Abs. 2 bezieht sich nur auf den Fall, daß dem Verleger ein ausschließliches Recht an dem Beitrag eingeräumt worden ist. Für diesen Fall enthält Abs. 2 eine bedeutsame Abweichung von der Vorschrift des § 2 und eine Erweiterung der im § 3 enthaltenen Sondervorschrift, welche sich nur auf nicht periodische Sammelwerke erstreckt.

5. Bei nicht periodischen Sammelwerken steht dieses Recht dem Verfasser nur dann zu, wenn er Vergütung für den Beitrag nicht zu beanspruchen hat. Bei periodischen Sammelwerken pflegt sich der Absatz auf einen kurzen Zeitraum nach dem Erscheinen zu beschränken, weil nach Verlauf eines gewissen Zeitabschnitts eine andere Nummer, ein anderes Heft oder ein anderer Jahrgang erscheint. „Der Vertrieb des Sammelwerkes wird deshalb durch einen anderweitigen Abdruck des einzelnen Beitrags jedenfalls dann nicht beeinträchtigt, wenn der Abdruck erst eine gewisse Zeit nach dem Erscheinen des Sammelwerkes erfolgt". Begr. S. 89. Auf der gleichen Erwägung beruht die entsprechende Bestimmung im § 10 des Ges. v. 11. Juni 1870. Der dort festgesetzte zweijährige Zeitraum, innerhalb dessen der Verfasser sich der anderweitigen Verfügung über den Beitrag zu enthalten hat, ist in Anlehnung an § 3 auf ein Jahr seit dem Ablaufe des Kalenderjahrs, in welchem der Beitrag erschienen ist, herabgesetzt.

6. Für Zeitungen dauert hiernach — sofern der Verleger überhaupt ein ausschließliches Recht erlangt hat — die durch Annahme des gelieferten Beitrags herbeigeführte Beschränkung des Urheberrechts nur bis zum Erscheinen des Beitrags, so daß Satz 1 des Abs. 2 sich auf Beiträge für Zeitschriften und sonstige periodische Sammelwerke außer Zeitungen beschränkt. Ist der Beitrag

einmal erschienen, so steht dem Verfasser die anderweitige Verfügung unbeschränkt zu. Diese Regelung beruht auf der Erwägung, daß für den Zeitungsverleger jedes Interesse an einem Zeitungsartikel aufhört, sobald dieser einmal in seiner Zeitung veröffentlicht ist. Kom.-Ber. S. 56.

§. 43.

Der Verleger ist in der Zahl der von dem Sammelwerke herzustellenden Abzüge,[1]) die den Beitrag enthalten, nicht beschränkt.[2]) Die Vorschrift des §. 20 Abs. 1 Satz 2 findet keine Anwendung.[3])

1. Eine Sonderausgabe des Beitrags oder einzelner Beiträge darf der Verleger nach § 4, der auch für periodische Sammelwerke, insbesondere für die periodische Presse gilt, ohne Einwilligung des Verfassers nicht veranstalten. Begr. S. 89; Kom.-Ber. S. 58. Der Zeitungsverleger, welcher einen Roman zur Veröffentlichung angenommen hat, darf somit, auch wenn er das ausschließliche Recht zur Vervielfältigung und Verbreitung erhalten hat, eine Buchausgabe des Romans nicht veranstalten; diese Befugniß verbleibt dem Verfasser nach Maßgabe des § 42 Abs. 2 Satz 2.

2. Da periodische Sammelwerke nicht in Auflagen erscheinen, sondern sofort in der nöthigen Zahl gedruckt und etwaige Neudrucke jedenfalls unverändert hergestellt werden (Begr. S. 89), so kommt für den Verleger jede Beschränkung mit Bezug auf die Zahl der herzustellenden Abzüge in Wegfall. Daraus ergiebt sich, daß die §§ 5—7, 16, 17 auf das zwischen dem Verfasser und dem Verleger eines periodischen Sammelwertes bestehende Rechtsverhältniß keine Anwendung finden.

3. Der Verleger hat somit nicht nur für die Korrektur, sondern auch für die Revision, soweit eine solche erforderlich ist, zu sorgen.

§. 44.

Soll der Beitrag ohne den Namen des Verfassers[1]) erscheinen, so ist der Verleger befugt, an der Fassung solche Aenderungen vorzunehmen, welche bei Sammelwerken derselben Art üblich sind.[2])

1. Für Beiträge, welche unter dem Namen des Verfassers erscheinen, wird die Zulässigkeit der Vornahme von Aenderungen durch § 13 Abs. 2 begrenzt. In etwas weiterem Umfange sind, selbst für Beiträge, die in einer Zeitung erscheinen sollen, Aenderungen nur gestattet, wenn in der Veröffentlichung der Name des Verfassers nicht genannt wird.

2. Wie die Begr. (S. 90) hervorhebt, muß der Verleger einer Zeitung oder einer Zeitschrift, für welche eine besondere Art der Rechtschreibung üblich ist, in der Lage sein, diese Rechtschreibung gleichmäßig bei allen Beiträgen anzuwenden, die nicht unter dem Namen ihrer Verfasser erscheinen. Außerdem aber deckt § 44 alle diejenigen Aenderungen, welche mit Rücksicht auf den Zweck des Sammelwerkes erforderlich sind, wie Kürzungen, Verbesserung sprachlicher Ungenauigkeiten, Ausmerzung von Fremdwörtern, Milderung zu starker Ausdrücke u. dergl.

§. 45.[1])

Wird der Beitrag nicht innerhalb eines Jahres[2]) nach der Ablieferung[3]) an den Verleger veröffentlicht, so kann der Verfasser das Vertragsverhältniß kündigen.[4]) Der Anspruch auf die Vergütung[5]) bleibt unberührt.

Ein Anspruch auf Vervielfältigung und Verbreitung des Beitrags oder auf Schadensersatz wegen Nichterfüllung steht dem Verfasser nur zu, wenn ihm der Zeitpunkt, in welchem der Beitrag erscheinen soll, von dem Verleger bezeichnet worden ist.[6])

1. Aus § 45 ergiebt sich, welche Rechte dem Verfasser zustehen, wenn die Veröffentlichung des angenommenen Beitrags über Gebühr verzögert wird. So lange die Annahme des eingesandten Beitrags nicht erfolgt ist, darf der Verfasser den abgelieferten Beitrag jederzeit zurückziehen; ein Vertragsverhältniß, von dessen Kündigung Abs. 1 handelt, wird erst dadurch begründet, daß der Verleger den ihm überlassenen Beitrag zur Veröffentlichung annimmt. Durch die Sondervorschrift des § 45 werden die in §§ 15 und 32 enthaltenen Bestimmungen für periodische Sammelwerke in wesentlichen Punkten geändert.

2. Die Unterscheidung zwischen politischen und anderen, namentlich feuilletonistischen Beiträgen ist als undurchführbar erachtet worden. Der Zeitraum eines Jahres ist für politische Artikel sehr lang, für sonstige Artikel vielleicht zu kurz bemessen.

3. Der Beginn der Frist wird also nicht durch die Annahme des Beitrags bestimmt. Ist erst nach Verlauf eines halben Jahres seit der Ablieferung des Artikels dem Verfasser mitgetheilt worden, sein Beitrag werde angenommen, so läuft die im § 45 Abs. 1 bezeichnete Frist bereits ein halbes Jahr nach Annahme des Beitrags ab.

4. Die Kündigung hat — im Gegensatze zum Rücktrittsrechte, wie solches nach § 32 dem Verfasser zusteht, wenn das Werk nicht vertragsmäßig vervielfältigt oder verbreitet wird — zur Folge, daß das Vertragsverhältniß nur für

die Zukunft aufgehoben wird und die durch den Vertrag erworbenen Rechte, insbesondere der etwaige Anspruch auf die Vergütung (Abs. 1 Satz 2), bestehen bleiben. Verwerthet der Verfasser seinen Beitrag nach Kündigung des Vertragsverhältnisses anderweit, so wird der ihm einmal erwachsene Anspruch auf die Vergütung hiervon nicht berührt; eine Anrechnung des von dem zweiten Verleger zu zahlenden Honorars findet nicht statt. Kom.=Ber. S. 61.

5. falls eine solche vereinbart ist oder als stillschweigend vereinbart gilt (§ 22).

6. Die hier getroffene Regelung, entspricht den Vorschriften der §§ 14, 32, so daß auf die dortigen Erläuterungen verwiesen werden kann. Ob der Zeitpunkt, in welchem der Beitrag erscheinen soll, bei dessen Annahme oder erst später vom Verleger bezeichnet worden ist, begründet keinen Unterschied.

§. 46.

Erscheint der Beitrag in einer Zeitung, so kann der Verfasser Freiexemplare nicht verlangen.[1])

Der Verleger ist nicht verpflichtet, dem Verfasser Abzüge zum Buchhändlerpreise zu überlassen.[2])

1. Die Anwendung des § 25 auf den Zeitungsverlag ist ausgeschlossen, weil namentlich größere Zeitungen täglich eine sehr große Anzahl von Beiträgen bringen, die von ebenso viel verschiedenen Verfassern herrühren, und hiernach die Uebersendung von Freiexemplaren an jeden Verfasser kaum durchführbar ist. Nur den Verfassern größerer Beiträge pflegen bei Zeitungen Freiexemplare zugesendet zu werden. Kom.=Ber. S. 61. Auch auf ein Belagsexemplar hat der Verfasser keinen Anspruch. Mit Bezug auf Beiträge für andere periodische Sammelwerke, insbesondere für

Zeitschriften, findet dagegen § 25 uneingeschränkt Anwendung, und zwar dergestalt, daß nach § 25 Abs. 3 Sonderabzüge des Beitrags als Freiexemplare geliefert werden dürfen.

2. Die Anwendung des § 26 ist nicht nur für den Zeitungsverlag, sondern auch für den Verlag von Zeitschriften und anderen periodischen Sammelwerken ausgeschlossen.

§. 47.[1])

Uebernimmt Jemand die Herstellung eines Werkes[2]) nach einem Plane, in welchem ihm der Besteller den Inhalt des Werkes sowie die Art und Weise der Behandlung genau vorschreibt,[3]) so ist der Besteller im Zweifel[4]) zur Vervielfältigung und Verbreitung nicht verpflichtet.[5])

Das Gleiche gilt,[6]) wenn sich die Thätigkeit auf die Mitarbeit an encyklopädischen Unternehmungen[7]) oder auf Hülfs- oder Nebenarbeiten für das Werk eines Anderen[8]) oder für ein Sammelwerk beschränkt.

1. Die Sondervorschrift des § 47 gilt für solche Veröffentlichungen, welche sich nicht nur in gewerblicher, sondern auch in literarischer Hinsicht als ein von dem Verleger ausgehendes Unternehmen darstellen (Begr. S. 90) oder bei denen, wie es im § 1023 ALR. I, 11 heißt, der Buchhändler die Ausarbeitung eines Werkes nach einer von ihm gefaßten Idee dem Schriftsteller zuerst übertragen und dieser die Ausführung übernommen hat. Die rechtliche Stellung des Verfassers als Urheber wird allerdings nicht dadurch ausgeschlossen, daß er nach einem vom Verleger vorge-

schriebenen Plane arbeitet (ROHG. 17 S. 34); ob aber der Vertrag, inhalts dessen der Schriftsteller die Herstellung eines solchen Werkes übernimmt, rechtlich als Verlagsvertrag zu beurteilen ist oder nicht vielmehr eine unbeschränkte Uebertragung des Urheberrechts an den Verleger enthält, hängt von den besonderen Umständen des einzelnen Falles ab. § 1170 des Oesterreichischen bürgerlichen Gesetzbuchs bezeichnet diesen Vertrag nicht als Verlags-, sondern als Lohnvertrag, und § 47 Abs. 1 stellt wenigstens die Vermuthung auf, daß der Verleger zur Vervielfältigung und Verbreitung des nach seiner Plangebung geschaffenen Werkes nicht verpflichtet sein soll.

2. Die Anwendung des § 47 auf den Vertrag über ein bereits vollendetes Werk ist somit ausgeschlossen.

3. Eine solche genaue Vorschrift ist nur dann anzunehmen, wenn der Plan, nach welchem der Schriftsteller das Werk herstellen soll, vom Verleger selbst oder von einem Dritten entworfen und im Einzelnen durchgearbeitet ist, sodaß der Schriftsteller nur „als Organ für die literarische Ausführung" dient. Begr. S. 91. § 47 wird beispielsweise dann anwendbar sein, wenn es sich um die Neubearbeitung des Werkes eines anderen Verfassers nach genauen Vorschriften des Verlegers handelt. Enthält aber der Vertrag nur einige allgemeine Angaben über die Art der Bearbeitung oder über den besonderen Zweck des Werkes, so ist die Voraussetzung des § 47 nicht gegeben.

4. d. h., wenn nicht aus dem Inhalte des Vertrags oder aus sonstigen Umständen eine andere Absicht der Betheiligten erhellt.

5. Da die Verpflichtung zur Vervielfältigung und Verbreitung nach § 1 Satz 2 einen nothwendigen Bestandtheil des Verlagsvertrags bildet, so findet auf das dem § 47 Abs. 1 entsprechende Rechsverhältniß das vorliegende Gesetz keine Anwendung; maßgebend sind viel-

mehr die Vorschriften des BGB. über den Werkvertrag und den Kauf (vgl. § 651 BGB.), und der Verleger erlangt mit der Ablieferung des Werkes die Befugniß, das Recht des Urhebers unbeschränkt für sich zu verwerthen.

6. Im Zweifel findet also auch in den Fällen des § 47 Abs. 2 eine unbeschränkte Uebertragung des Urheberrechts an den Verleger statt.

7. Bei Encyklopädien, in welchen ein größerer Kreis von Gegenständen übersichtlich bearbeitet wird, wirken in der Regel mehrere Verfasser mit, deren Einzelarbeiten alsdann zusammengestellt werden.

8. Sichtung und Zusammenstellung des Materials für ein größeres Werk, Bearbeitung des Sachregisters u. dergl.

§. 48.

Die Vorschriften dieses Gesetzes[1]) finden auch dann Anwendung, wenn derjenige, welcher mit dem Verleger den Vertrag abschließt, nicht der Verfasser ist.[2])

1. Hierher gehören auch die für den Verlag von Zeitungen, Zeitschriften und sonstigen periodischen Sammelwerken geltenden Sondervorschriften der §§ 42—46.

2. Vgl. Anm. 3 zu § 1. Wer mit dem Verleger den Vertrag abschließt, ist hiernach insbesondere verpflichtet, dem Verleger das Verlagsrecht zu verschaffen (§ 8), und wenn er diese Verpflichtung nicht zu erfüllen vermag, so bestimmen sich die Rechte des Verlegers nach §§ 320—327 BGB. Vgl. Anm. 2 zu § 8.

§. 49.[1])

In bürgerlichen Rechtsstreitigkeiten, in welchen durch Klage oder Widerklage[2]) ein Anspruch auf

Grund der Vorschriften dieses Gesetzes geltend gemacht ist, wird die Verhandlung und Entscheidung letzter Instanz[3]) im Sinne des §. 8 des Einführungsgesetzes zum Gerichtsverfassungsgesetze dem Reichsgerichte zugewiesen.

1. Durch § 49 ist im Interesse einer gleichmäßigen Anwendung des Gesetzes die im § 8 EG. zum GVG. (vgl. auch § 7 EG. zur CPO.) enthaltene 'sogenannte clausula bajuvarica für Ansprüche aus Verlagsverträgen beseitigt. Entsprechende Vorschriften finden sich nicht nur in zahlreichen Spezialgesetzen, sondern auch im Art. 6 EG. zum BGB.

2. Wenn der Beklagte nicht Widerklage erhebt, sondern nur Aufrechnung der aus einem Verlagsvertrag entspringenden Gegenforderung geltend macht, ist § 49 nicht anwendbar.

3. d. h. sowohl für Revisionen, als auch für Beschwerden.

§. 50.[1])

Dieses Gesetz tritt am 1. Januar 1902 in Kraft.[2])

1. Vgl. § 64 Satz 1 UG.

2. Mit Bezug auf die zeitliche Anwendbarkeit des Gesetzes im Verhältnisse zum bisherigen Rechte findet die im Art. 170 EG. zum BGB. enthaltene Norm entsprechende Anwendung. Somit bleiben, wenn der Verlagsvertrag vor dem 1. Januar 1902 geschlossen ist, für das durch den Verlagsvertrag begründete Rechtsverhältniß die bisherigen Gesetze maßgebend; das Gleiche gilt, wenn ein Beitrag für eine Zeitung, eine Zeitschrift oder ein sonstiges periodisches Sammelwerk vor dem 1. Januar 1902 zur Veröffentlichung angenommen ist. Erst wenn das bisherige Vertragsverhältniß endigt und behufs Herstellung weiterer Abzüge oder Auflagen nach

dem 31. Dezember 1901 ein neuer Verlagsvertrag geschlossen wird, sind für das hierdurch begründete neue Schuldverhältniß die Bestimmungen des vorliegenden Gesetzes maßgebend. Der Umstand aber, daß der Verfasser oder der Verleger von einem ihm nach den bisherigen Gesetzen zustehenden Kündigungs- oder Rücktrittsrechte keinen Gebrauch macht, ist nicht geeignet, für die Zukunft die Anwendung der bisherigen Gesetze auszuschließen; denn Art. 171 EG. zum BGB. gilt nur für Mieth-, Pacht- und Dienstverhältnisse.

Urkundlich unter Unserer Höchsteigenhändigen Unterschrift und beigedrucktem Kaiserlichen Insiegel.

Gegeben an Bord M. Y. „Hohenzollern", Cuxhaven, den 19. Juni 1901.

Wilhelm.

(L. S.)

Graf von Bülow.

Sachregister.

(Die Zahlen bedeuten die Seiten.)

A.

Abbildungen 2.
Ablieferung des Werkes 28;
Verpflichtung zur — 30;
Zeit der — 31;
Entrichtung der Vergütung bei — 53;
— als Vorleistung des Verfassers 54.
Abtheilungen, Erscheinen des Werkes in — 44;
Fälligkeit der Vergütung bei Erscheinen des Werkes in — 55.
Abzug, Genehmigung des — 48;
Beanstandung des — 48.
Abzüge, Zahl der herzustellenden — 15, 19, 41;
Bestimmung der Zahl der — 19;
Form und Ausstattung der — 39;
Untergang der hergestellten — 21;
Beschädigung der — 22;
neue — von einem Sammelwerke 47, 48;
Ueberlassung der vorhandenen — an den Verfasser 58;
bei Beendigung des Vertragsverhältnisses vorhandene — 70;
neue — von Beiträgen für periodische Sammelwerke 105.
Aenderungen des Verfassers an dem Werke 33;

Umfang ihrer Zulässigkeit 34, 35;
— vor Beginn der Vervielfältigung 35;
Ersatzpflicht bei — 35, 36.
Annahmeverzug des Verlegers 80, 82.
Anthologie, Beiträge für — 13.
Aufführung, öffentliche 4.
Auflage, Begriff 15, 16;
— und Ausgabe 16;
Herstellung der — 16;
— im Musikalienverlag 17;
Abreden für neue — 15, 17 ff.;
Vergütung für neue — 18;
Höhe der — 18;
Aenderungen bei neuer — 34;
Veranstaltung neuer — 42.
Aushängebogen 56, 57;
Ueberlassung eines Exemplars in — an den Verfasser 57.
Autorkorrekturen 35.

B.

Bearbeitungen, dem Verfasser vorbehaltene 10;
— von Werken der Tonkunst 10, 11.
Beendigung des Vertragsverhältnisses zwischen Verleger und Verfasser 68, 69.
Besprechungsexemplare 20.
Buchhändlerpreis 50.

D.

Dramatische Werke 2.
Dramatisirung einer Erzählung 10.

E.

editio princeps 2.
Einrichtung für andere Instrumente od. Stimmen 10.
Einzelwerk 14;
Verwerthung des — für Gesammtausgabe oder Sammelwerk 14.
Encyklopädie, Beiträge für — 13.
Ersatzbefugniß bei Untergang der Abzüge 21;
Ausübung der — 22;
Anzeige an den Verfasser bei Ausübung der — 23.
Erscheinen des Werkes 13; — in Auflagen 17.

F.

Fachabtheilung, Veräußerung einer — des Verlagsgeschäfts 63, 64.

Freiexemplare 18, 19, 20, 56 ff.;
— bei Werken der Literatur 56;
— bei Werken der Tonkunst 56;
Zahl der — 56, 57;
— bei Beiträgen für Sammelwerke 57, 58;
— von Beiträgen für Zeitungen 108;
Veräußerung von — gegen Entgelt 20.

Fristbestimmung bei Veranstaltung neuer Auflage 42;
— bei nicht rechtzeitiger Ablieferung des Werkes 70, 72;
— beim Mangel vertragsmäßiger Beschaffenheit 76;
— bei nicht vertragsmäßiger Vervielfältigung und Verbreitung 78;
— beim Tode des Verfassers nach theilweiser Ablieferung des Werkes 82, 84;
— für Ausübung des Rücktrittsrechts 94.

G.

Gesammtausgabe 11, 14;
Befugniß zur Veranstaltung einer — 11, 12;
Verwerthung von Theilen einer — für Sonderausgabe 14.

H.

Herausgeber 48, 101.

J.

Illustrationen 39.

K.

Kommissionsverlag 4 ff.;
Besonderheiten des — 5.

Konkurseröffnung über das Vermögen des Verlegers 87 ff.;
— über das Vermögen des Verfassers 88.

Konkursmasse, Haftung der — bei Uebertragung des Verlagsrechts 88, 92.

Konkursverwalter, Wahlrecht des — 89, 90.

Konversationslexikon, Beiträge für — 13.

Korrektur 48.

Kündigung des Verlagsvertrags 94.

(Die Zahlen bedeuten die Seiten.)

Kündigungsrecht des Verfassers 106, 107.
Kündigungsrecht des Verlegers 45.

L.

Ladenpreis 49;
Bestimmung, Ermäßigung, Erhöhung des — 50;
Rabatt vom — 50.
Lettern, bewegliche 16.
Lieferungen, in — erscheinende Druckschriften 41.
Literarische Werke 2, 56;
Freiexemplare bei — 56.

M.

Musikalische Werke 2, 56;
Freiexemplare bei — 56.

N.

Nachdruck 8.
Niederschrift als Voraussetzung der Ablieferung 30.

P.

Periodische Sammelwerke,
Annahme von Beiträgen für — 101 ff.;
Sondervorschriften für — 102 ff.;
Verfügungsrecht des Verfassers über Beiträge für — 102, 103;
Einsendung von Beiträgen für — 103;
Revision bei Beiträgen für — 106;
Befugniß des Verlegers zu Aenderungen an Beiträgen für — 106.
Pflichtexemplare 20.
Potpourris 10.

R.

Rechnungslegung des Verlegers 55;
Inhalt der — 56.
Rechtsnachfolger des Verlegers 61, 66 ff.;
Vervielfältigung und Verbreitung durch den — 61, 66;
Haftung des — gegenüber dem Verfasser 61, 67, 91.
Redakteur 101.
Register 32.
Reichsgericht, Zuständigkeit des — bei Ansprüchen aus Verlagsverträgen 111, 112.
Revision 49.
Rücktritt vom Verlagsvertrag, Erklärung des — 44, 73, 85;
rechtliche Folgen des — 93 ff.;
Aufhebung des Schuld-

verhältnisses durch — 94;
Unwirksamkeit des — 94;
Haftung des anderen Theiles bei — 93, 95;
theilweise Aufrechterhaltung des Vertrags bei — 95 ff.;
Unterschied des — von der Kündigung 94, 96, 107.
Rücktrittsrecht des Verfassers 42, 43, 77, 78, 85, 88, 93;
Verhältniß des — zum Wahlrechte des Konkursverwalters 92, 93.
Rücktrittsrecht des Verlegers 71, 75, 76, 99.

S.

Sammelwerk 12, 14;
Verwerthung des Beitrags für ein — 12, 13;
Verwerthung von Theilen eines — für Sonderausgabe 14;
Weglassung einzelner Beiträge eines — 48;
Freiexemplare von Beiträgen für ein — 57, 58.
Schreib- und Stichfehler 38.
Selbstverlag 4.
Sicherstellung der Ansprüche des Verfassers 88, 92.
Sonderabzüge als Freiexemplare 57, 58, 109.
Sonderausgabe 14;
— von Beiträgen für periodische Sammelwerke 105.
Stempelabgabe für den Verlagsvertrag 27.
Stereotypplatten 16, 42.

T.

Titel 32;
Aenderungen an dem — 37.
Tod des Verfassers vor Vollendung des Werkes 62;
— nach Ablieferung eines Theiles des Werkes 82.

U.

Uebersetzung in andere Sprache 10.
Uebertragbarkeit der Rechte des Verlegers 60 ff.;
Ausschließung der — 60 68;
— im Konkurse über das Vermögen des Verlegers 88, 91 ff.
Uebertragung in andere Mundart 10.
Unmöglichkeit der Er-

füllung 80, 81, 83, 84, 97.
Untergang des Werkes 79, 80.
Urheber, Schutz des — gegen Rechtsverletzung 29.
Urheberrecht, Uebertragung des — 6;
Dauer des — 9;
Sondernachfolge in das — 25;
Zwangsvollstreckung in das — 25;
Uebertragung des — an den Verleger 111.

V.

Variationen 10.
Verbreitung 4;
Verpflichtung zur — 6;
gewerbsmäßige — 9;
— einzelner Bände 15;
Art der — 39;
— durch Kolportage und Waarenhäuser 39;
— durch den Rechtsnachfolger des Verlegers 61, 66.
Verfasser 2, 3;
mehrere — als Gesammtschuldner 3;
Verpflichtungen des — auf Grund des Verlagsvertrags 7, 24;
dem — verbleibende Befugnisse 7;
Verpflichtung des — zur Verschaffung des Verlagsrechts 25;
Verpflichtung des — zur Ablieferung 30;
Befugniß des — zu Aenderungen an dem Werke 33;
Ersatzpflicht des — bei nachträglichen Aenderungen 35, 36;
Vorleistungspflicht des — 40;
Rücktrittsrecht des — 42, 43, 77, 78, 85, 88, 93;
Anspruch des — auf Vergütung 47, 51, 106;
— zur Korrektur nicht verpflichtet 48;
— zur Revision nicht verpflichtet 49;
Mitwirkung des — bei Erhöhung des Ladenpreises 50;
Verletzung berechtigter Interessen des — 51;
Anspruch des — auf Rechnungslegung 55, 56;
Anspruch des — auf Einsicht der Geschäftsbücher des Verlegers 56;
Anspruch des — auf Freiexemplare 56, 57;

Anspruch des — auf Ueberlassung der vorhandenen Abzüge 58;
Zustimmung des — zur Uebertragung der Rechte des Verlegers 60, 64, 65;
Verweigerung der Zustimmung des — 60, 65;
Klage auf Ertheilung der Zustimmung 65, 66;
Uebertragbarkeit der Rechte und Verbindlichkeiten des — 62;
Ansprüche des — gegen den Rechtsnachfolger des Verlegers 67, 68;
Anspruch des — auf Erfüllung 77;
Anspruch des — auf Schadensersatz 80, 107;
Rechte des — im Konkurs über das Vermögen des Verlegers 88 ff.;
— als Mitarbeiter an encyklopädischen Unternehmungen 109.

Vergütung für Ueberlassung des Werkes 51 ff.;
stillschweigende Vereinbarung einer — 51, 52;
Höhe der — 51, 53;
— als Gegenleistung 52;
— in Geld 53;
Fälligkeit der — 53, 54;
Bestimmung der — nach dem Umfange der Vervielfältigung 53, 54;
Bestimmung der — nach dem Absatze 55;
Bestimmung der — nach Druckbogen 55;
— bei Untergang des Werkes 79;
— bei Rücktritt vom Vertrage 95;
— bei Kündigung des Vertragsverhältnisses 106.

Verlagsgeschäft, Veräußerung des — 63, 64.

Verlagsrecht für eine, mehrere, sämmtliche Auflagen 17;
Umfang des — 24, 26;
Wesen des — 26;
Entstehung des — 27, 28;
Schutz des — 29;
Erlöschen des — 27, 28;
Uebertragung des — an einzelnen Werken 60, 67;
Uebertragung des — durch letztwillige Verfügung 64;
Zwangsvollstreckung in das — 64.

Verlagsvertrag, Inhalt 1, 8; Form 1; Gegenstand 2; — als Handelsgeschäft 1; — mit Gewinnbetheiligung des Verfassers 4; — mit räumlicher Begrenzung 9; — über nicht geschützte Werke 25, 97 ff.;
dingliche Seite des — 25;
Anwendung des BGB. auf den — 26;
Stempelpflichtigkeit des — 27;
Beendigung des Rechtsverhältnisses aus dem — 8, 44, 46;
Anfechtung des — 46;
Erlöschen des — durch Tod des Verfassers 62;
— über bestimmte Zahl von Auflagen oder Abzügen 68 ff.;
— für eine bestimmte Zeit 68 ff.;
Aufrechterhaltung des — in Ansehung eines Theiles des Werkes 82 ff.;
— ohne Verschaffung des Verlagsrechts 97 ff.

Verleger 3;
Akademien als — 3;
Schutz des — gegen den Verfasser 29;
Schutz des — gegen Dritte 29;
— zu Aenderungen an dem Werke nicht befugt 37;
— zur Veranstaltung neuer Auflagen nicht verpflichtet 42;
Kündigungsrecht des — 45;
— zur Korrektur verpflichtet 48;
— zur Bestimmung und zur Ermäßigung des Ladenpreises befugt 50;
Verpflichtung des — zur Zahlung einer Vergütung 51 ff.;
Verpflichtung des — zur Rechnungslegung 55, 56;
Verpflichtung des — zur Zurückgabe des Werkes 59;
Fortdauer der Verbindlichkeit des — bei Uebertragung der Rechte aus dem Verlagsvertrage 66, 67;
Verpflichtung des — zur Auskunft 68, 69;
Rechte des — bei Verzug des Verfassers 71, 74;
Anspruch des — auf Erfüllung 72;
Anspruch des — auf

Schadensersatz wegen Nichterfüllung 75, 76, 85, 99;
Anspruch des — auf Ersatz der Aufwendungen 85;
Konkurseröffnung über das Vermögen des — 87ff.;
Gewährleistungsanspruch des — 97;
Befugniß des — zur Herstellung weiterer Auflagen 100;
Aenderungsbefugniß des — bei Beiträgen für Sammelwerke 106;
— als Besteller des Werkes 109.
Vervielfältigung 4;
Verpflichtung zur — 6;
— ohne Einwilligung des Berechtigten 8;
— in anderer Form 8;
rechtswidrige — 16;
für die — geeigneter Zustand 30;
Beendigung der — 38, 40;
Beginn der — 40;
Art der — 39;
— als Voraussetzung für die Fälligkeit der Vergütung 58, 55;
— durch den Rechtsnachfolger des Verlegers 61, 66;
Vorwort 82.

W.

Werk als geistige Schöpfung 8;
— als Handschrift 4, 28, 59, 80;
Zurückgabe des — an den Verfasser 59, 87;
Zurückgabe des — an den Erben des Verfassers 84;
Eigenthum an dem — 59;
Unverkäuflichkeit des — 69;
vertragswidrige Beschaffenheit des — 75;
Untergang des — nach Ablieferung 79, 80.
Willenserklärung, empfangsbedürftige 18, 48.

Z.

Zeitliche Anwendbarkeit des Gesetzes 112, 118.
Zeitschriften, Annahme von Beiträgen für — 101 ff.
Zeitungen, Annahme von Beiträgen für — 101 ff., Verfügungsrecht des Verfassers über Beiträge für — 103, 104, Freiexemplare von Beiträgen für — 108.
Zuschußexemplare 19, 20;
rechtswidrige Verbreitung der — 20, 21.

Druck von A. W. Hayn's Erben. Berlin und Potsdam.

Verzeichniß der Guttentag'schen Sammlung Deutscher Reichsgesetze und Preußischer Gesetze.

Text-Ausgaben mit Anmerkungen und Sachregister.

Taschenformat.

Berlin.
J. Guttentag, Verlagsbuchhandlung,
G. m. b. H.

Guttentag'sche Sammlung

Deutscher Reichsgesetze.

Text-Ausgaben mit Anmerkungen. Taschenformat.

---

1. **Verfassung** des Deutschen Reichs. Gegeben Berlin, den 16. April 1871. Von Dr. **L. von Rönne.** Achte neubearbeitete Auflage von **Paul von Rönne,** Landrath. 1 M. 60 Pf.

2. **Strafgesetzbuch** für das Deutsche Reich. Nebst den gebräuchlichsten Reichs-Strafgesetzen: Presse, Personenstand, Nahrungsmittel, Entziehung elektrischer Arbeit, Kranken-, Unfall-, Invalidenversicherung, Gewerbeordnung, unlauterer Wettbewerb, Depot- und Börsengesetz u. s. w. Von Dr. **H. Rüdorff.** Zwanzigste Auflage von Dr. **H. Appelius,** Kammergerichtsrath. Gebunden in ganz Leinen 1 M. 20 Pf.

3. **Militärstrafgerichtsordnung** nebst Einführungsgesetz und Gesetz, betr. die Dienstvergehen der richterlichen Militärjustizbeamten und die unfreiwillige Versetzung derselben in eine andere Stelle oder in den Ruhestand. Von Dr. **P. Herz,** Geh. Admiralitätsrath. Zweite Auflage. Geb. in ganz Leinen 3 M.

Militär-Strafgesetzbuch nebst Abdruck der entsprechenden Bestimmungen des Reichs-Strafgesetzbuchs. Text-Ausgabe mit Sachregister. Geb. in ganz Leinen 1 M.

4. **Handelsgesetzbuch vom 10. Mai 1897** unter Ausschluß des Seerechts. Mit den ergänzenden Vorschriften des Bürgerlichen Gesetzbuchs und Erläuterungen herausgegeben von **F. Litthauer,** Justizrath. Zwölfte Auflage. Geb. in ganz Leinen 2 M. 80 Pf.

5. Allgemeine Deutsche **Wechselordnung.** Siebente Auflage von Dr. **E. Ball,** Rechtsanwalt, und das Reichsgesetz über die **Wechselstempelsteuer.** Sechste Auflage von Reg.-Assessor **P. Loeck.** 1897. 2 M.
Neue Auflage in Vorbereitung.

6. **Gewerbeordnung** für das Deutsche Reich in der Fassung der Bekanntmachung vom 26. Juli 1900 nebst Ausführungsbestimmungen. Von **T. Ph. Berger,** fortgeführt von Dr. **Wilhelmi,** Geh. Ober-Regierungsrath. Sechszehnte vermehrte Auflage. In Vorbereitung.

7. Die deutsche **Post- und Telegraphen-Gesetzgebung.** Nebst dem Weltpostvertrag und dem internationalen Telegraphenvertrag. Von Dr. **P. D. Fischer,** Unterstaatssekretär im Reichs-Postamt. Vierte Auflage. 1895. 2 M. 60 Pf.

8. Die Reichsgesetze über den **Unterstützungswohnsitz** in der Fassung der Novelle vom 12. März 1894, die **Freizügigkeit,** den **Erwerb** und **Verlust** der

Bundes- und Staatsangehörigkeit, nebst allen landesgesetzlichen Bestimmungen. Von Geheimrath Dr. **J. Krech,** Mitglied des Bundesamtes für das Heimathwesen. Vierte Auflage. 2 M. 25 Pf.

9a. **Sammlung kleinerer privatrechtlicher Reichsgesetze.** Von **F. Vierhaus,** Geh. Ober-Justizrath. Zweite Auflage in Vorbereitung.

9b. **Sammlung kleinerer strafrechtlicher Reichsgesetze.** Von **M. Werner,** Geh. Ober-Regierungsrath. Zweite Auflage in Vorbereitung.

10. **Das Reichsbeamtengesetz** vom 31. März 1873 und seine Ergänzungen. Erläutert von **J. Pieper,** Geh. Ober-Regierungsrath. Zweite Auflage. Geb. in ganz Leinen. Im Druck.

11. **Civilprozeßordnung mit Gerichtsverfassungsgesetz,** Einführungsgesetzen und Ergänzungen. In der Fassung des Gesetzes vom 17. Mai 1898. Unter besonderer Berücksichtigung der Entscheidungen des Reichsgerichts herausgegeben mit Anmerkungen von **R. Sydow,** Direktor im Reichs-Postamt und **L. Busch,** Kammergerichtsrath. Neunte Auflage. 8°. Geb. in ganz Leinen 5 M.

Dieser Band ist in größerem Format erschienen!

12. **Strafprozeßordnung und Gerichtsverfassungsgesetz** in der vom 1. Januar 1900 ab geltenden Fassung, nebst dem **Gesetz, betreffend die Entschädigung der im Wiederaufnahmeverfahren freigesprochenen Personen.** Von **A. Hellweg,** Reichsgerichtsrath. Elfte Auflage. Geb. in ganz Leinen 2 M.

13. **Konkursordnung und Anfechtungsgesetz** mit Einführungs- und Nebengesetzen. In der Fassung der Gesetze vom 17. Mai 1898. Unter besonderer Berücksichtigung der Entscheidungen des Reichsgerichts herausgegeben mit Anmerkungen von **R. Sydow,** Direktor im Reichs-Postamt und **L. Busch,** Kammergerichtsrath. Achte Auflage. Geb. in ganz Leinen 1 M. 80 Pf.

14. **Gerichtsverfassungsgesetz** mit Einführungsgesetz, Nebengesetzen und Ergänzungen. In der Fassung des Gesetzes vom 17. Mai 1898. Unter Berücksichtigung der Entscheidungen des Reichsgerichts herausgegeben von **R. Sydow,** Direktor im Reichs-Postamt und **L. Busch,** Kammergerichtsrath. Achte Auflage. 1 M. 20 Pf.

15. **Das deutsche Gerichtskostengesetz nebst den Gebührenordnungen für Gerichtsvollzieher, Zeugen und Sachverständige.** In der Fassung vom 20. Mai 1898. Unter besonderer Berücksichtigung der Entscheidungen

des Reichsgerichtes herausgegeben mit Anmerkungen und Kostentabellen von **R. Sydow,** Direktor im Reichs-Postamt und **L. Busch,** Kammergerichtsrath. Sechste vermehrte Auflage. Geb. in ganz Leinen 1 M. 50 Pf.

16. **Rechtsanwaltsordnung.** Von **R. Sydow,** Direktor im Reichspostamt. Vierte Auflage von Dr. **E. Mosler,** Gerichtsassessor. Geb. in ganz Leinen 1 M. 20 Pf.

17. **Die Deutsche Gebührenordnung für Rechtsanwälte und das Preußische Gebührengesetz** vom 27. September/6. Oktober 1899. Von **R. Sydow,** Direktor im Reichs-Postamt und **L. Busch,** Kammergerichtsrath. Sechste Auflage. Geb. in ganz Leinen 1 M. 50 Pf.

18. **Reichsstempelgesetz (Börsensteuergesetz)** v. 14. Juni 1900, mit den Ausführungsbestimmungen, einem Auszug aus den Gesetzes-Materialien und den Entscheidungen der Verwaltungsbehörden und des Reichsgerichts. Achte Auflage von **P. Loeck,** Regierungsrath. Geb. in ganz Leinen 3 M. 30 Pf.

19. Die **Seegesetzgebung** des Deutschen Reiches. Nebst den Entscheidungen des Reichsoberhandelsgerichts, des Reichsgerichts und der Seeämter. Von Dr. **W. E. Knitschky,** Landgerichtsrath. Zweite Auflage. 3 M. 80 Pf.

20. **Krankenversicherungsgesetz** in der Fassung der Novelle vom 10. April 1892. Von Dr. **E. von Woedtke,** Direktor im Reichsamt des Innern. Achte Auflage. Geb. in ganz Leinen. 2 M. 25 Pf.

21. Die **Konsulargesetzgebung** des Deutschen Reiches. Von Geh. Justizrath Professor Dr. **Ph. Zorn.** Zweite Auflage. Geb. in ganz Leinen 3 M.

22a. **Patentgesetz. Gesetz, betreffend den Schutz von Gebrauchsmustern. Gesetz, betreffend das Urheberrecht an Mustern und Modellen.** Nebst Ausführungsbestimmungen unter eingehender Berücksichtigung der Rechtsprechung des Reichsgerichts und der Praxis des Patentamts. Erläutert von Dr. **R. Stephan,** Geheimer Regierungsrath, Mitglied des Kaiserlichen Patentamts. Fünfte vermehrte Auflage. Geb. in ganz Leinen 2 M.

22b. **Gesetz zum Schutz der Waarenbezeichnungen.** Nebst Ausführungsbestimmungen. Von Dr. **R. Stephan,** Geheimer Regierungsrath, Mitglied des Kaiserlichen Patentamts. Vierte vermehrte Auflage. 1 M.

23. **Gewerbe-Unfallversicherungsgesetz** und Gesetz, betr. die Abänderung der Unfallversicherungsgesetze vom 30. Juni 1900 in der Fassung der Bekanntmachung vom 5. Juli 1900 nebst Ausführungsverordnungen. Von Dr. **E. v. Woedtke,** Direktor im Reichsamt des Innern. Siebente umgearbeitete Auflage. Geb. in ganz Leinen 2 M. 50 Pf.

24. **Aktiengesellschaft und Kommanditgesellschaften auf Aktien.** (Handelsgesetzbuch, II. Buch, Abschnitt 3 und 4.) Mit erläuternden Anmerkungen von **H. Keyssner,** Kammergerichtsrath und Dr. **H. Veit Simon,** Rechtsanwalt. Fünfte Auflage. Bearbeitet von Dr. **Hugo Keyssner** u. **L. Keyssner.** Geb. in ganz Leinen 2 M. 25 Pf.

25. **Reichsgesetz wegen Erhebung der Brausteuer** vom 31. Mai 1872 mit Ausführungsvorschriften. Von **E. Bertho,** Regierungsrath. 1885. 1 M. 60 Pf.

26. Die Reichsgesetzgebung über **Münz- und Notenbankwesen,** Papiergeld, Prämienpapiere und Reichsschulden. Von Dr. jur. **R. Koch,** Präsident des Reichsbankdirektoriums. Vierte Auflage. Geb. in ganz Leinen 3 M.

27. Die Gesetzgebung, betr. das **Gesundheitswesen** im Deutschen Reich für Behörden, Aerzte zc. Von Dr. jur. **C. Goesch** und Dr. med. **J. Karsten.** 1888. 1 M. 60 Pf.

28. **Bau-Unfallversicherungsgesetz.** Vom 30. Juni 1900 in der Fassung der Bekanntmachung vom 5. Juli 1900. Von **R. Chrzescinski,** Kaiserl. Regierungsrath a. D., ehemaligem ständigen Mitglied des Reichs-Versicherungsamts. Dritte Auflage. Geb. in ganz Leinen 2 M.

29. Reichsgesetz, betr. die **Erwerbs- und Wirthschaftsgenossenschaften.** In der vom 1. Januar 1900 ab geltenden Fassung. Von **L. Parisius** und Dr. **H. Crüger.** Achte Auflage. Geb. in ganz Leinen. 1 M. 50 Pf.

30. **Invalidenversicherungsgesetz** vom 13. Juli 1899, in der Fassung der Bekanntmachung vom 19. Juli 1899. Von Dr. **E. v. Woedtke,** Director im Reichsamt des Innern. Achte erweiterte Auflage. Geb. in ganz Leinen 2 M. 50 Pf.

31. Reichsgesetz, betr. die **Gewerbegerichte.** Von **L. Mugdan.** Vierte Auflage. Bearbeitet von **Cuno,** Stadtrath und stellvertretender Vorsitzender des Gewerbegerichts zu Königsberg i. Pr. 1 M. 80 Pf.

32. Reichsgesetz, betr. die **Gesellschaften mit beschränkter Haftung.** In der vom 1. Januar 1900 ab geltenden Fassung. Von **L. Parisius** und Dr. **H. Crüger.** Fünfte Auflage. 1 M.

33. Das **Vereins- und Versammlungsrecht** in Deutschland. Von Dr. **E. Ball,** Rechtsanwalt. 2 M. 25 Pf.

34. Reichsgesetz, betreffend die **Abzahlungsgeschäfte.** Vom 16. Mai 1894. Von **J. Hoffmann,** Oberverwaltungsgerichtsrath. Zweite vermehrte und verbesserte Auflage besorgt von Dr. **E. Wilke,** Landgerichtsrath. Geb. in Leinen 1 M. 20 Pf.

35. **Die Reichs-Eisenbahngesetzgebung.** Von **W. Coermann,** Kaiserl. Amtsrichter. 1895. 2 M. 25 Pf.

36. Gesetze, betr. die **privatrechtlichen Verhältnisse der Binnenschiffahrt und der Flößerei.** Nach den Materialien erläutert von **H. Makower.** Unter Berücksichtigung der am 1. Januar 1900 in Kraft tretenden Reichsgesetze bearbeitet von **E. Löwe,** Landgerichtsrath. Zweite veränderte Auflage. 2 M.

37. **Gesetz zur Bekämpfung des unlauteren Wettbewerbes.** Vom 27. Mai 1896. Von Dr. **R. Stephan,** Regierungsrath. Zweite Auflage. 80 Pf.

38/39. **Bürgerliches Gesetzbuch nebst Einführungsgesetz.** In Verbindung mit Professor Dr. **André,** Geh. Justizrath **Greiff,** Amtsrichter **Ritgen,** Regierungsrath Dr. **Unzner** herausgegeben von Reichsgerichtsrath Dr. **A. Achilles †,** f. Z. Kommissar des Reichs-Justizamts. Dritte vermehrte und verbesserte Auflage. 8°. Geb. in ganz Leinen 6 M.

Dieser Band ist in größerem Format erschienen!

40. Gesetz, betr. die **Pflichten der Kaufleute bei Aufbewahrung fremder Werthpapiere (Depotgesetz).** Vom 5. Juli 1896. Mit Erläuterungen, Einleitung und Sachregister. Von **F. Lusensky,** Geh. Regierungsrath. 90 Pf.

41. **Börsengesetz.** Vom 22. Juni 1896. Nebst den dazu erlassenen Ausführungsbestimmungen. Unter Mitwirkung des Geh. Ober-Regierungsrathes **A. Wermuth** bearbeitet von **H. Brendel,** Gerichts-Assessor, Hülfsarbeiter im Reichsamt des Innern. 1 M. 50 Pf.

42. **Grundbuchordnung** für das Deutsche Reich nebst den preußischen Ausführungsbestimmungen. Mit Einleitung von Professor Dr. **O. Fischer.** Zweite Auflage. Geb. in ganz Leinen 1 M. 80 Pf.

43. Die Gesetzgebung, betr. die **Zwangsvollstreckung in das unbewegliche Vermögen** im Reiche und in Preußen. Text-Ausgabe mit Einleitung, Anmerkungen, Kosten- und Gebührentabellen und Sachregister. Von Dr. **J. Krech,** Kaiserl. Geh. Regierungsrath und Professor Dr. **O. Fischer.** Dritte Auflage. Geb. in ganz Leinen 2 M.

44. Das Reichsgesetz über das **Auswanderungswesen** vom 9. Juni 1897 nebst Ausführungsverordnungen und Anlagen. Nach den Materialien und unter Benutzung amtlicher Quellen erläutert von Professor Dr **Felix Stoerk.** 2 M. 25 Pf.

45 **Das Entmündigungsrecht** unter Berücksichtigung der für Preußen geltenden Vorschriften nebst der preußischen Justiz-Ministerial-Verfügung vom 28. November 1899. Text der civil- und prozeßrechtlichen Bestimmungen mit Erläuterungen von Landgerichtsrath Dr. **P. Koll** in Cöln. Geb. in ganz Leinen 1 M. 50 Pf.

46. Die Gesetze des Reiches und Preußens über die **freiwillige Gerichtsbarkeit.** Mit Einleitung von **Herm. Jastrow,** Amtsgerichtsrath Zweite, erweiterte Auflage. Geb. in ganz Leinen 2 M. 80 Pf.

47. Das **deutsche Vormundschaftsrecht** und das preuß. Gesetz über die Fürsorgeerziehung Minderjähriger vom 2. Juli 1900 nebst den dazu gehörigen preußischen Nebengesetzen und allgemeinen Verfügungen. Mit Einleitung und Erläuterungen von **Max Schultzenstein,** Oberverwaltungsgerichtsrath und Amtsgerichtsrath Dr. **Paul Köhne.** Zweite Auflage. Geb. in ganz Leinen 3 M.

48. Gesetze und Verordnungen, betreffend den **Drogen-, Gift- und Farbenhandel** außerhalb der Apotheken, unter besonderer Berücksichtigung des Königreichs Preußen. Von Dr. **Broh,** Rechtsanwalt. 1 M. 25 Pf.

49. Deutsche **Kolonialgesetzgebung.** Von Prof. Dr. **Philipp Zorn.** Geb. in ganz Leinen 4 M. 50 Pf.

50. Der **Viehkauf** (Viehgewährschaft) nach dem Bürgerlichen Gesetzbuche. Mit Erläuterungen von Dr. **Hans Stölzle,** Rechtsanwalt in Kempten. Nebst Verordnung, betr. die Hauptmängel und Gewährsfristen beim Viehhandel. Erläutert von **Heinrich Weiskopf,** Königl. Kreisthierarzt in Augsburg. Zweite Auflage. Geb. in ganz Leinen 2 M.

51. **Hypothekenbankgesetz** vom 13. Juli 1899. Von Dr. **H. Göppert,** Gerichts-Assessor. Geb. in ganz Leinen 1 M. 80 Pf.

52. Gesetz, betreffend die gemeinsamen **Rechte der Besitzer von Schuldverschreibungen.** Vom 4. Dezember 1899. Von Dr. **Heinrich Göppert,** Gerichts-Assessor. Geb. in ganz Leinen 2 M.

53. **Reichspreßgesetz** vom 7. Mai 1874 nebst den einschlägigen Bestimmungen des Strafgesetzbuchs, der Gewerbeordnung &c. Kommentar von **A. Born,** Polizeiassessor. Geb. in ganz Leinen 1 M. 50 Pf.

54. Die Reichsgesetzgebung über den Verkehr mit **Nahrungsmitteln, Genußmitteln** und **Gebrauchsgegenständen.** Von Dr. **Georg Lebbin,** Nahrungsmittelchemiker. Geb. in ganz Leinen 2 M. 25 Pf.

55. Das Recht der **Beschlagnahme von Lohn- und Gehaltsforderungen.** Auf Grundlage der Reichsgesetze vom 21. Juni 1869 u. 29. März 1897 und der Civilprozeßordnung. Von Rechtsanwalt **Georg Meyer.** Geb. in ganz Leinen 1 M. 50 Pf.

56. Gesetz, betr. die **Bekämpfung gemeingefährlicher Krankheiten.** Vom 30. Juni 1900. Nebst Ausführungsbestimmungen. Von Dr. **Bruno Burkhardt,** Regierungsrath, Mitglied des Kais. Gesundheitsamts. Geb. in ganz Leinen 1 M. 40 Pf.

57. **See-Unfallversicherungsgesetz** vom 30. Juni 1900 in der Bekanntmachung des Reichskanzlers vom 5. Juli 1900. Von **Dr. Max Mittelstein,** Oberlandesgerichtsrath in Hamburg. Geb. in ganz Leinen 2 M.

58. **Das Recht der unehelichen Kinder.** Text-Ausgabe aller einschlägigen Bestimmungen des Bürgerlichen Gesetzbuches von **Hermann Jastrow,** Amtsgerichtsrath zu Berlin. Geb. in ganz Leinen 1 M. 80 Pf.

59. Das Reichsgesetz über die **Beurkundung des Personenstandes und die Eheschließung** in der vom 1. Januar 1900 ab geltenden Fassung. Von Dr. **F. Fidler,** Amtsgerichtsrath. Geb. in ganz Leinen. 1 M. 80 Pf.

60. Gesetz, betreffend das **Urheberrecht an Werken der Literatur und der Tonkunst.** Vom 19. Juni 1901. Von **Otto Lindemann,** Gerichtsassessor. Geb. in ganz Leinen 1 M. 50 Pf.

61. Gesetz über das **Verlagsrecht.** Vom 19. Juni 1901. Von Justizrath **Ernst Heinitz,** Rechtsanwalt. Geb. in ganz Leinen 1 M. 50 Pf.

62. Gesetz über die **privaten Versicherungsunternehmungen.** Vom 12. Mai 1891. Von **H. Königе,** Oberlandesgerichtsrath in Karlsruhe. Geb. in Leinen ca. 2 M.

In Vorbereitung befinden sich:

Die privatlichen Bestimmungen des Vereinsrechts. Von **Rud. Hahn,** Rechtsanwalt.

Das Reichs-Haftpflichtgesetz. Von Dr. **G. Eger,** Regierungsrath.

Guttentag'sche Sammlung
Preußischer Gesetze.

Text-Ausgaben mit Anmerkungen. Taschenformat.

1. Die **Verfassungs-Urkunde** für den Preußischen Staat. Mit Einleitung, vollständigem Kommentar und Anlagen von Prof. Dr. **Adolf Arndt.** Vierte, gänzlich umgearbeitete und verbesserte Auflage. Geb. in ganz Leinen 2 M. 50 Pf.
2. Preußische **Beamten-Gesetzgebung.** Enthaltend die wichtigsten Beamtengesetze in Preußen. Von **C. Pfafferoth.** Dritte Auflage. 1 M. 50 Pf.
3. Die Preuß. Gesetzgebung, betr. die **Zwangsvollstreckung in das unbewegliche Vermögen.** Von Dr. **J. Krech,** Kais. Geh. Regierungs-Rath und Prof. Dr. **O. Fischer.** Dritte Auflage. Vergriffen.
   Siehe: Reichsgesetze Nr. 43.
4. **Gebührenordnung** für **Notare** vom 25. Juni 1895 in der Fassung der Bekanntmachung vom 6. Oktober 1899 nebst den einschlägigen Vorschriften des Preußischen Gerichtskostengesetzes. Von **R. Sydow,** Direktor im Reichs-Postamt. Zweite Auflage bearbeitet von Dr. **E. Mosler,** Gerichtsassessor. Geb. in ganz Leinen. 1 M. 50 Pf.
5. **Gesetz vom 24. April 1854 (betr. die außereheliche Schwängerung)** und die daneben geltenden Bestimmungen des Allgemeinen Landrechts nebst

den dazu ergangenen Präjudikaten. Von Dr. **Schulze.** 75 Pf. Seit dem 1. Januar 1900 gültiges Recht siehe Reichsgesetze: Nr. 58.

6. Die Preuß. **Ausführungsgesetze und Verordnungen zu den Reichs-Justizgesetzen.** Von **R. Sydow.** Dritte vermehrte Auflage. 1895. 2 M. 40 Pf. Siehe Seite 8.

7. **Allg. Gerichtsordnung** vom 6. Juli 1793 **und** Preuß. **Konkursordnung** vom 8. Mai 1885. **Von F. Vierhaus,** Geh. Ober-Justizrath. **Vergriffen.**

8. **Vormundschaftsordnung** vom 5. Juli 1875, **nebst** allen Nebengesetzen und den dazu erlassenen Allgemeinen Verfügungen. Von Oberverwaltungsgerichtsrath **Schultzenstein.** Dritte Auflage. 1 M. 50 Pf. Seit dem 1. Januar 1900 gültiges Recht siehe: Reichsgesetze Nr. 47.

9. Die Preußische **Grundbuchgesetzgebung.** Mit Einleitung, Formularen, Kosten- und Stempeltabellen. Von Prof. Dr. **Fischer.** Dritte Auflage. Vergriffen. Siehe: Reichsgesetze Nr. 42.

10. **Einkommensteuergesetz.** Vom 24. Juni 1891. **Von** Geheimrath **Meitzen.** Vierte vermehrte Auflage von **A. Fernow,** Ober-Regierungsrath. 1 M. 50 Pf.

11. **Gewerbesteuergesetz.** Vom 24. Juni 1891. **Von A. Fernow,** Ober-Regierungsrath. Dritte vermehrte Auflage. 1 M. 25 Pf.

12. **Allgemeines Berggesetz** für die preußischen Staaten. Vom 24. Juni 1865, und die auf dasselbe bezüglichen Gesetze und Verordnungen. Von **E. Engels,** Ober-Bergrath. Dritte Auflage. In Vorbereitung.

13. **Ergänzungssteuergesetz** (Vermögenssteuergesetz). Vom 14. Juli 1893. Von **A. Fernow,** Ober-Regierungsrath. Zweite vermehrte Auflage. 1 M.

14. **Kommunalabgabengesetz.** Vom 14. Juli 1893 und Gesetz wegen Aufhebung direkter Staatssteuern. Vom 14. Juli 1893. Von **F. Adickes,** Oberbürgermeister. Zweite Auflage. 1 M. 25 Pf.

15. Die **Kreisordnungen** für den Preußischen Staat. Von **O. Kolisch,** Landgerichtsrath. 1894. 4 M.

16. **Concessionirung gewerblicher Anlagen.** Preuß. Ausführungs-Anweisung zu §§. 16 u. ff. der Reichs-Gewerbe-Ordnung. Von Dr. **W. von Rüdiger,** Geh. Regierungs- u. Gewerberath. Zweite Auflage. Geb. in ganz Leinen 2 M.

17. **Preußisches Gerichtskostengesetz.** Vom 25. Juni 1895. In der Fassung der Bekanntmachung vom 6. Oktober 1899. Mit Kostentabellen. Von Dr. **P. Siméon,** Landrichter. Dritte Auflage. Geb. in ganz Leinen 1 M. 80 Pf.

18. **Preußisches Stempelsteuergesetz** vom 31. Juli 1895. Mit den gesammten Ausführungsbestimmungen und vollständigen Tabellen. Von **P. Loeck,** Regierungsrath. Fünfte Auflage. Geb. in ganz Leinen 5 M.
Dieser Band ist in größerem Format erschienen.

19. **Das Jagdscheingesetz** vom 31. Juli 1895. Mit ausführlichen Erläuterungen nebst der Ausführungsverfügung vom 2. August 1898 und den Gesetzgebungsmaterialien. Von **F. Kunze, Wirklichem** Geh. Ober-Regierungsrath. Zweite Auflage. Geb. in ganz Leinen 2 M.

20. Gesetz, betr. die **Erbschaftssteuer.** Vom 19./24. Mai 1891 unter Berücksichtigung der Novelle vom 31. Juli 1895. Mit ausführlichen Erläuterungen von **P. Loeck,** Regierungsassessor. 1 M. 80 Pf.

21. Gesetz über die **Handelskammern.** Vom 19. August 1897. Mit Erläuterungen, geschichtlicher Einleitung sowie einer Uebersicht des Bestandes der kaufmännischen Vertretungen. Von **F. Lusensky,** Geh. Regierungsrath und vortragender Rath im Ministerium für Handel und Gewerbe 3 M.

22. Gesetz, betr. **Anstellung und Versorgung der Kommunalbeamten.** Vom 30. Juli 1899. Mit einem Anhang, enthaltend die preußische Ausführungsanweisung. Von Dr. **W. Ledermann,** Magistratsassessor zu Berlin. 1 M. 25 Pf.

23. **Ausführungsgesetz zum Bürgerlichen Gesetzbuche** vom 20. September 1899. Von Landrichter Dr. **P. Siméon.** Geb. in ganz Leinen 1 M. 60 Pf.

24. Die **Hinterlegungsordnung** vom 14. März 1879 in der Fassung des Ausführungsgesetzes z. B.G.B. v. 20. Sept. 1899 nebst Ausführungsbestimmungen. Von Regierungsassessor Dr **Georg Bartels.** Geb. in ganz Leinen 1 M. 50 Pf.

25. **Preußische Kommunalbeamtengesetzgebung.** Von Magistratsassessor Dr. jur. **Kremski.** Geb. in ganz Leinen 3 M.

26. Die **Preußischen Gesetze** über das **Diensteinkommen der Lehrer und Lehrerinnen, ihren Ruhegehalt und die Fürsorge für ihre Hinterbliebenen,** sowie einer Tabelle zur Berechnung der Ruhegehalts-, Wittwen- und Waisenbezüge. Von Dr. **Ed. Cremer,** Beigeordneter. Geb. in ganz Leinen 2 M. 40 Pf.

27. Gesetz, betreffend die **Waarenhaussteuer.** Vom 18. Juli 1900. Von Geh. Ober-Finanzrath Dr. **G. Strutz.** Geb. in ganz Leinen 1 M. 20 Pf.

28. Gesetz über die **Fürsorgeerziehung Minderjähriger.** Vom 2. Juli 1900. Nebst Ausführungsanweisungen. Von Landgerichtsrath Dr. **F. P. Aschrott.** Geb. in ganz Leinen 2 M. 80 Pf.

29. Gesetz, betr. **die ärztlichen Ehrengerichte, das Umlagerecht und die Kassen der Aerztekammern.** Vom 25. November 1899. Von Amtsgerichtsrath Dr. **Fidler.** Geb. in ganz Leinen ca. 1 M. 20 Pf.

Guttentag'sche Sammlung von Text-Ausgaben mit Sachregister ohne Anmerkungen.

Gewerbeordnung für das Deutsche Reich. In der Fassung der Bekanntmachung vom 26. Juli 1900. (Reichs-Gesetzblatt Nr. 47, ausgegeben am 15 Oktober 1900.) Zweite Auflage 1 M. 20 Pf.

Militär-Strafgesetzbuch für das Deutsche Reich mit Verweisungen und Abdruck der entsprechenden Bestimmungen des Reichs-Strafgesetzbuchs. 1 M.

Militärstrafgerichtsordnung für das Deutsche Reich, nebst **Einführungsgesetz** und Gesetz, betr. die Dienstvergehen der richterlichen Militärjustizbeamten und die unfreiwillige Versetzung derselben in eine andere Stelle oder in den Ruhestand. Vom 1 Dezember 1898. **Militär-Strafgesetzbuch** mit Verweisungen und Abdruck der entsprechenden Bestimmungen des Reichs-Strafgesetzbuchs. Zweite Auflage 1 M. 50 Pf.

Die Preußischen Ausführungsgesetze zum Bürgerlichen Gesetzbuche, zum Gesetz, betr. Aenderung der Civilprozeßordnung vom 17. Mai 1898, zum Gesetz über die Zwangsversteigerung und die Zwangsverwaltung, zur Grundbuchordnung und zum Handelsgesetzbuch. Preuß. Gesetz über die freiwillige Gerichtsbarkeit und Gesetz, enthaltend die landesgesetzlichen Vorschriften über die Gebühren der Rechtsanwälte und der Gerichtsvollzieher. Fünfte Auflage. 1 M. 80 Pf.

Reichsstempelgesetz (Börsensteuergesetz) in der Fassung der Bekanntmachung vom 14. Juni 1900. Mit Ausführungsbestimmungen, einem Anhang, enthaltend Tabellen zur Berechnung der Reichsstempelabgaben und Sachregister. 1 M. 50 Pf.

Preußische
Bürgerliche Gesetzsammlung.

Sammlung der noch geltenden Landesgesetze privatrechtlichen Inhalts.

Herausgegeben von

B. Fischer, Gerichtsassessor und **Dr. F. Schroeder,** Gerichtsassessor.

Erster Band:

Das Allgemeine Landrecht

mit den Einführungs-Patenten.

8°. Geb. in ganz Leinen. Preis 6 M.

Das Buch will ein Handbuch für den preußischen Praktiker sein, und eine Ergänzung zu den gebräuchlichen Handausgaben des B.G.B. bilden. Es bringt das Allgemeine Landrecht in seiner jetzt geltenden Gestalt vollständig, ferner in chronologischer Reihenfolge sämmtliche noch geltenden Landesgesetze privatrechtlichen Inhalts für das Gebiet des Allgemeinen Landrechts und für die übrigen Landestheile seit ihrer Zugehörigkeit zu Preußen. Um den Ueberblick über eine Materie zu erleichtern, wird dem Buch eine Nachweisung der durch die einzelnen Vorbehalte des E.G. zum B.G.B. erhaltenen Gesetze beigegeben und in Anmerkungen bei jedem einzelnen Gesetz auf die übrigen Gesetze derselben Materie verwiesen. Bei jeder gesetzlichen Bestimmung wird angegeben, weshalb sie als aufrecht erhalten zu gelten hat.

Der zweite Band (Schluß des Werkes) wird im Herbst zur Ausgabe gelangen.

Adickes, F., Oberbürgermeister in Frankfurt a. M. Das Kommunalabgabengesetz vom 14. Juli 1893. Für den praktischen Gebrauch mit einer geschichtlichen Einleitung und Erläuterungen versehen, sowie mit einem die Ausführungsanweisung berücksichtigenden Nachtrag. 8°. Kartonnirt 6 M.

Arndt, Dr. Adolf, Geheimer Justizrath, Professor. Verfassung des Deutschen Reichs. Mit Einleitung und Kommentar. 8°. Kartonnirt 3 M.

Friedrichs, K., Oberverwaltungsgerichtsrath. Das Gesetz betreffend die Anlegung und Veränderung von Straßen und Plätzen in Städten und ländlichen Ortschaften vom 2. Juli 1875. Nach dem Tode des Verfassers in fünfter Auflage bearbeitet von Dr. jur. **Hugo v. Strauß und Torney,** Oberverwaltungsgerichtsrath. 8°. Geb. Im Druck.

Hauß, C., Geh. Ober-Reg.-Rath. Das Gesetz zur Bekämpfung des unlauteren Wettbewerbes. Vom 27. Mai 1896. Für die gerichtliche und gewerbliche Praxis erläutert. 8°. Geb. in Leinen 3 M.

Holtgreven, Dr. A., Geh. Ober-Justizrath und vortragender Rath im Justizministerium. Das Wildschadengesetz vom 11. Juli 1891. Kommentar. Dritte Auflage. 8°. Kartonnirt 3 M.

Jerusalem, Herm., Landgerichtsrath, Mitglied des Hauses der Abgeordneten. Das Gesetz über Kleinbahnen und Privatanschlußbahnen vom 28. Juli 1892 nebst der Ausführungsanweisung zu diesem Gesetze vom 22. August 1892. gr. 8°. 2 M.

Kamptz, W. v., Verwaltungsgerichtsdirektor. Das Gesetz, betreffend die Vertheilung der öffentlichen Lasten bei Grundstückstheilungen und die Gründung neuer Ansiedelungen in den Provinzen Preußen, Brandenburg, Pommern, Posen, Schlesien, Sachsen und Westfalen vom 25. August 1876. 8°. Kartonnirt 2 M. 50 Pf.

Könige, H., Oberlandesgerichtsrath. Handelsgesetzbuch vom 10. Mai 1897 nebst Abdruck des Gesetzes über die Angelegenheiten der freiwilligen Gerichtsbarkeit und Gerichtsverfassungsgesetz (Titel 7, Kammern für Handelssachen). 8°. Geb. in ganz Leinen 4 M. 50 Pf.

Laß, Dr. L., Kaiserl. Regierungsrath, Strafrecht der Berufsgenossenschaften nach den Unfallversicherungsgesetzen vom 30. Juni 1900. Unter Benutzung amtlichen Materials zum praktischen Gebrauche dargestellt. Geb. in Leinen 3 M.

Laurisch, G., Königl. Gewerbeinspektor, Gewerberecht und Arbeiterschutz. Führer für Arbeitgeber und Arbeiter durch die Gewerbe- und Arbeiterschutz-Gesetze. **Kartonnirt 1 M. 80 Pf.**

Ledermann, Dr. iur. Walter, Die Städte-Ordnung für die sechs östlichen Provinzen der preußischen Monarchie vom 30 Mai 1853 nebst ihren Ergänzungen. Lieferung 1. 8°. Preis ca. 1 M. 80 Pf.

Inhalt: Titel I bis III (§ 1—34) der Städteordnung sowie das am 1. Januar 1901 in Kraft getretene Gesetz, betreffend die Bildung der Wählerabtheilungen bei den Gemeindewahlen vom 30. Juni 1900 (zu § 13 der St.O.).

Nußbaum, Dr. A., Die freiwillige Gerichtsbarkeit im Reiche und in Preußen. Ein Leitfaden. 8°. Geb. in ganz Leinen 4 M.

Das vorliegende Buch bietet eine systematische Darstellung der freiwilligen Gerichtsbarkeit. ..... Dem Verfasser ist die Aufgabe, die er sich gestellt hat, vorzüglich gelungen, und das Buch ist nicht nur für Preußen, sondern in seinem größten Theile auch für die übrigen Bundesstaaten verwendbar...... Ueberall steht die Darstellung auf vollster wissenschaftlicher Höhe; meist ist sie mit sehr gründlichen historischen Bemerkungen eingeleitet. Durchweg ist sie klar und von reicher Kenntniß des behandelten Gegenstandes und der Literatur getragen...... Das Buch kann namentlich für das Studium der jüngeren Juristen auf das Wärmste empfohlen werden.

Amtsgerichtsrath Jastrow
in der „Zeitschrift für deutschen Civilprozeß". 1901.

Ottermann, Carl, Stadtrath in Dortmund. Das Fluchtliniengesetz vom 2. Juli 1875. Erläuternde Abhandlung. 8°. 1 M. 25 Pf.

Stephan, Dr. R., Geh. Regierungsrath u. Mitglied des Kais. Patentamts. Gesetz, betreffend die Patentanwälte. Vom 21 Mai 1900. Nebst Ausführungsverordnungen. 8°. Geb. in ganz Leinen 1 M. 50 Pf.

Telegraphenwege-Gesetz vom 18. Dezember 1899 nebst den vom Reichskanzler erlassenen Ausführungsbestimmungen vom 26. Januar 1900 und den Erläuterungen und Ausführungsanweisungen des Reichs-Postamts. Amtliche Ausgabe. 8°. Geb. in ganz Leinen 1 M.

Wittenberg, Dr. M., Dozent an der Humboldt-Akademie. Wegweiser durch das Aktienrecht, nach dem Wortlaut der seit dem 1. Januar 1900 gültigen Reichsgesetze. Taschenformat. Geb. in ganz Leinen 1 M.

Schlagwort-Register.

R. = Nummer der Sammlung Deutscher **Reichs**gesetze.
P. = Nummer der Sammlung **Preußischer** Gesetze.
S. = Seite.

Abänderung der Gewerbeordnung S. 20, R. 6.
Abzahlungsgeschäfte R. 34.
Aerztekammern P. 29.
Aerzterecht S. 14.
Aerztl. Ehrengerichte P. 29.
Aktienrecht R. 24, S. 26.
Altersversicherungsgesetz R. 30.
Anfechtungsgesetz R. 13.
Ansiedelungsgesetz S. 25.
Anstellung der Kommunalbeamten P. 22.
Arbeiterschutzgesetz R. 6, S. 25.
Arbeiterversicherungsgesetze R. 20, 23, 28, 30, 57.
Ausführungsgesetze z. BGB. P. 23, S. 13, 14, 22.
Ausführungsgesetze zu den Reichsjustizgesetzen P. 6, S. 21, 22.
Auswanderungsgesetz R. 44.

Bankgesetz R. 26.
Baufluchtengesetz S. 24, 26.
Bauunfallversicherungsgesetz R. 28.
Beamtengesetze R. 10, P. 2.
Bekämpfung gemeingefährlicher Krankheiten R. 56.
Berggesetz P. 12.
Berufsgenossenschaften, Strafrecht der S. 25
Beschlagnahme von Lohn- und Gehaltsforderungen R. 55.
Beurkundung des Personenstandes R. 59.
Binnenschiffahrtsgesetz R. 36.
Börsengesetz R. 41.
Börsensteuergesetz R. 18, S. 21.
Brausteuererhebung R. 25.
Bundes- und Staatsangehörigkeit R. 8.
Bürgerliche Gesetzsammlung für Preußen S. 23.
Bürgerliches Gesetzbuch R. 38/39, S. 20, 22.
Civilprozeßordnung R. 11, S. 20.
Depotgesetz R. 40.
Diensteinkommen der Lehrer und Lehrerinnen P. 26.
Drogenhandel außerhalb der Apotheken R. 48.
Eheschließungsgesetz S. 14.
Einkommensteuergesetz P. 10.
Eisenbahn-Gesetzgebung R. 35.
Elektrizitäts-Diebstahl R. 2.

Entmündigungsgesetz R. 45.
Entschädigung der im Wiederaufnahmeverfahren freigesprochenen Personen R. 12.
Entziehung elektrischer Arbeit R. 2.
Erbschaftssteuergesetz P. 20.
Ergänzungssteuergesetz P. 13.
Erwerbs- und Wirthschaftsgenossenschaften R. 29.

Farbenhandel außerhalb der Apotheken R. 48.
Farbengesetz R. 54.
Feingehalt der Gold- und Silberwaaren R. 9a.
Fleischbeschaugesetz R. 54.
Flößereigesetz R. 36.
Fluchtliniengesetz S. 24, 26.
Freiwillige Gerichtsbarkeit R. 46, S. 26.
Freizügigkeit R. 8.
Fürsorgeerziehung Minderjähriger R. 47, P. 28.

Gebrauchsgegenstände, Gesetz über den Verkehr damit R. 54.
Gebrauchsmusterschutzgesetz R. 22a.
Gebührengesetz, Preußisches, für Rechtsanwälte und Gerichtsvollzieher R. 17, S. 21.
Gebührenordnung für Gerichtsvollzieher R. 15.
Gebührenordnung für Notare P. 4.
Gebührenordnung für Rechtsanwälte R. 17.
Gebührenordnung für Zeugen und Sachverständige R. 15.
Gehaltsforderungen, Beschlagnahme von R. 55.
Genehmigung gewerblicher Anlagen P. 16.
Genossenschaftsgesetz R. 29.
Genußmittel, Verkehr damit R. 54.
Gerichtsbarkeit, freiwillige R. 46, S. 26.
Gerichtskostengesetz, Deutsches R. 15.
Gerichtskostengesetz, Preußisches P. 17.
Gerichtsordnung, Preußische P. 7.
Gerichtsverfassungsgesetz R. 14, 12, S. 20.
Gerichtsvollzieher-Gebührenordnung R. 15.
Gesellschaften mit beschränkter Haftung R. 32.
Gesetzbuch, Bürgerliches R. 38/39, S. 20, 22.
Gesetz-Sammlung, Preußische S. 23.
Gesundheitswesen R. 27.
Gewerbegerichte R. 31.
Gewerbeordnung R. 6, S. 21.
Gewerberecht S. 25.
Gewerbe-Unfallversicherungsgesetz R. 23.

Gewerbesteuergesetz, Preußisches P. 11.
Gifthandel außerhalb der Apotheken R. 48.
Grundbuchordnung R. 42.
Grundbuchgesetzgebung, Preußische P. 9.

Haftpflichtgesetz S. 14.
Haftung, Gesellschaften mit beschränkter R. 32.
Handelsgesetzbuch R. 4, S. 20, 25.
Handelskammergesetz P. 21.
Handwerkergesetz S. 20, R. 6.
Hinterlegungsordnung P. 24.
Hypothekenbankgesetz R. 51.

Jagdscheingesetz P. 19.
Invalidenversicherungsgesetz R. 30.

Kiautschou-Gebiet, militär. Strafrechtspflege im R. 3.
Kinder, Recht der unehelichen R. 58.
Kinder, Unterbringung verwahrloster R. 47.
Kleinbahnengesetz S. 24.
Kolonialgesetzgesetzgebung R. 49.
Kommunalabgabengesetz P. 14, S. 24.
Kommunalbeamtengesetz P. 22.
Kommunalbeamtenrecht P. 25.
Konkursordnung R. 13, S. 20.
Konkursordnung, Preußische P. 7.
Konsulargesetzgebung R. 21.
Krankenversicherungsgesetz R. 20.
Kreisordnungen P. 15.

Ladenschluß-Novelle S. 21.
Landesgesetze, privatrechtliche S. 23.
Landrecht, Preußisches S. 23.
Laufprüfungsgesetz S. 25.
Lehrergehalts- u. -Pensionsgesetze P. 26.
Lohnforderungen, Beschlagnahme von R. 55.

Maaß- u. Gewichtsordnung R. 9a.
Mantelgesetz R. 23.
Margarinegesetz R. 54.
Markenschutzgesetz R. 22b.
Medicinalgesetzgebung R. 27.
Militärstrafgerichtsordnung R. 3 S. 21.
Militärstrafgesetzbuch S. 2, 21.
Minderjährige, Fürsorgeerziehung für R. 47, P. 28.
Münzwesen R. 26.
Musterschutzgesetz R. 22a.

Nahrungsmittelgesetze R. 54.
Nebengesetze zum BGB. R. 4, 11, 12, 13, 14, 29, 32, 36, 42, 43, 46, S. 20, 21.
Notare, Gebührenordnung für preußische P. 4.

Notenbankwesen R. 26.

Patentanwaltsgesetz S. 26.
Patentgesetz R. 22a.
Personenstandsgesetz R. 59.
Pflichten der Kaufleute bei Aufbewahrung fremder Werthpapiere R. 40.
Postgesetze R. 7.
Preßgesetz R. 53.
Preußische Verfassung P. 1.
Privatanschlußbahnen-Gesetz S. 24.
Privatrechtliche Bestimmungen des Vereinsrechts S. 14.
Privatrechtliche preußische Landesgesetze S. 23.
Privatrechtliche Reichsgesetze R. 9a.

Rayongesetz R. 9a.
Reblausgesetz R. 9a.
Rechte der Besitzer v. Schuldverschreibungen R. 52.
Rechtsanwalts-Gebührenordnung R. 17.
Rechtsanwaltsordnung R. 16.
Reichsbeamtengesetz R. 10.
Reichseisenbahngesetzgebung R. 35.
Reichsgewerbeordnung R. 6, S. 21.
Reichsgrundbuchordnung R. 42.
Reichshaftpflichtgesetz S. 14.
Reichs-Justizgesetze S. 20, R. 11, 12, 13.
Reichs-Justizgesetze, Ausführungsges. dazu S. 21, 22.
Reichsmilitärgesetz R. 9a.
Reichspreßgesetz R. 53.
Reichsseuchengesetz R. 56.
Reichsstempelgesetz R. 18, S. 21.
Reichsverfassung R. 1, S. 24.

Saccharingesetz R. 54.
Schlachtviehgesetz R. 54.
Schuldverschreibungsgesetz R. 52.
Schutztruppen, militär. Strafverfahren R. 3.
Schwängerung, außereheliche R. 58, P. 5.
Seegesetzgebung R. 19.
See-Unfallversicherungsgesetz R. 57, S. 25.
Seuchengesetz R. 56.
Sozialpolitische Gesetze R. 20, 23, 28, 30, 57.
Sprengstoffgesetz R. 2, 9b.
Staatsangehörigkeit, Erwerb und Verlust R. 8.
Staatssteuern, Gesetz betr. Aufhebung direkter P. 14.
Städteordnung für die 6 östl. Provinzen S. 25.
Stempelsteuergesetz f. Preußen P. 18.
Stempelsteuergesetz für das Reich R. 18. S. 21.
Steuergesetze R. 5, 18, 25, P. 10, 11, 13, 14, 18, 20, 27, S. 21, 24.

Strafgesetzbuch R. 2.
Strafprozeßordnung R. 12, S. 20.
Strafrecht der Berufsgenossenschaften S. 25.
Strafrechtliche Reichsgesetze R. 9 b.
Straßen- und Baufluchtengesetz S. 24, 26.
Süßstoffe, künstliche R. 54.

Telegraphengesetze R. 7.
Telegraphenwegegesetz S. 26.

Uneheliche Kinder R. 58.
Unfallversicherungsgesetz R. 23, 28, S. 25.
Unlauterer Wettbewerb R. 37, S. 24.
Unterbringung verwahrloster Kinder R. 47, P. 28.
Unterstützungswohnsitz R. 8.
Urheberrechtsgesetz R. 60, 22 a.

Vereins- und Versammlungsrecht in Deutschland R. 33, privatrechtliche Bestimmungen S. 14.
Verfälschung von Nahrungsmitteln R. 54.
Verfassung des Deutschen Reichs R. 1, S. 24.
Verfassung des Preußischen Staats P. 1.
Verlagsrecht R. 61.
Vermögenssteuergesetz P. 13.
Verrath militärischer Geheimnisse R. 2.
Versicherungsunternehmungen, private R. 62.
Versorgung der Kommunalbeamten P. 22.
Vertheilung öffentl. Lasten S. 25.
Verwendung gesundheitsschädlicher Farben R. 54.
Viehkauf (Viehgewährschaft) und Viehhandel R. 50.
Viehseuchengesetz R. 9 a.
Vormundschaftsordnung, preußische P. 8.
Vormundschaftsrecht, Deutsches R. 47.

Waarenbezeichnungen R. 22 b.
Waarenhaussteuergesetz P. 27.
Wechselordnung R. 5.
Wechselstempelsteuergesetz R. 5.
Weingesetz R. 54.
Werthpapiere, Depotgesetz R. 40.
Wettbewerbes, Bekämpfung des unlauteren R. 37, S. 24.
Wildschadengesetz S. 24.
Wuchergesetz R. 2.

Zwangserziehung R. 47.
Zwangsversteigerung an Immobilien R. 43.
Zwangsvollstreckungsgesetz R. 43.

Kolibri 360 GmbH
Ferdinand-Jühlke-Straße 7
99095 Erfurt, Deutschland
produktsicherheit@kolibri360.de